TOUTE LA FORMULE 1 2003

Jean-François Galeron

TOUTE LA FORMULE 1 2003

ISBN 2-84707-021-4
Jordils Park, Chemin des Jordils 40, CH-1025 St-Sulpice, Suisse.
Tél. : +41 (0)21-694.24.44.
Fax : +41 (0)21-694.24.46.
info@chronosports.com
Internet : www.chronosports.com

Tous les textes et photos de ce livre sont de Jean-François Galeron et tirés de ses archives.

Maquette et mise en pages par Cyril Davillerd.
cyril@chronosports.com
Ont collaboré à ce livre: Anouck Monachon, Désiré Ianovici, Sabrina Favre.
Illustrations des circuits : Emeric de Baré

Imprimé en France par l'Imprimerie Moderne de l'Est
3, rue de l'industrie - 25110 Baume-les-Dames
Relié par la SIRC, Zone Industrielle, 10350 Marigny-le-Châtel

TOUTE LA FORMULE 1

Jean-François Galeron

2003

direction artistique **cyril davillerd**

A Andy, Lise, Pauline, Anne et Clément

Jean-François Galeron remercie très sincèrement tous les pilotes qui ont répondu à ses questions. Il s'excuse aussi de les importuner et de parfois les traquer avec ses objectifs et ses flashes à longueurs d'années.

La présence et l'intervention des attachées de presse et des membres de toutes les écuries ont grandement facilité son travail.

N'hésitez pas à faire parvenir vos critiques, suggestions et souhaits pour les prochaines éditions de «Toute la Formule 1».
Merci et à bientôt.

jfg@galeron.com

Jean-François Galeron utilise depuis 1984 du matériel Canon.

Toutes les photos de ce livre sont de Jean-François Galeron et de ses archives. Quelques-unes sont de Laurent Charniaux et de Jad Sherif , disponibles sur le site Internet :

www.worldracingimages.com

jfg@galeron.com

Som

Jean-François Galeron

maire

PREFACE OLIVIER

PANIS

Cette saison 2003 qui débute est ma dixième saison en Formule 1. J'ai disputé 125 Grands Prix et je suis cette année en face d'un nouveau challenge excitant. C'est le plus important de toute ma carrière.
Toyota est l'un des plus gros constructeurs mondiaux et je suis très heureux de participer à cette formidable aventure avec eux. C'est la première fois que je vais vivre une telle histoire. Après des bons essais hivernaux, je sais que la route est encore longue. Il va falloir beaucoup travailler et s'investir avant d'arriver au niveau des meilleurs.
Je sens derrière moi une équipe animée d'une motivation énorme. C'est passionnant.
Au minimum, mes objectifs cette saison sont de me qualifier régulièrement dans les dix premiers pour prétendre aux points de façon systématique.
La Formule 1 négocie cette année un virage important pour son avenir.
La trop forte domination de certaines écuries a lassé les spectateurs et les lecteurs. Comme nous les pilotes, ils veulent de la bagarre, des dépassements, de l'action. C'est l'essence même de la course automobile. La nouvelle réglementation qui a fait coulé beaucoup d'encre cet hiver va peut-être remettre les pendules à l'heure. En ce qui me concerne, je peux vous affirmer que Toyota ne veut pas se contenter des seconds rôles. Quand on vient en F1, c'est pour gagner.

Je suis très heureux de réaliser la préface de ce livre de Jean-François Galeron. «Toute la Formule 1 2003» va vraiment vous permettre de vous familiariser avec toutes les équipes, les nouveaux pilotes, les circuits, les statistiques, la réglementation et toutes les petites indiscrétions du paddock. Suivez le guide et bonne saison à tous.

Olivier Panis, le 20 février 2003

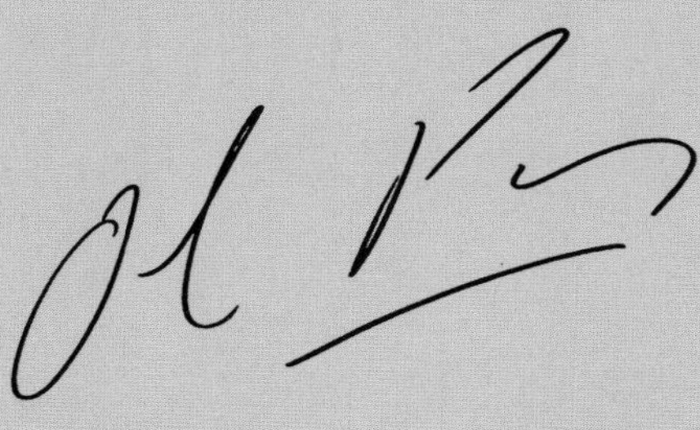

Pilotes

	Pilotes	Écurie
3e Rang	Jacques Villeneuve Jenson Button	→ **BAR-Honda**
	Giancarlo Fisichella Ralf Firman	→ **Jordan-Ford**
	Jarno Trulli Fernando Alonso	→ **Renault**
2e Rang	Ralf Schumacher Juan Pablo Montoya	→ **Williams-BMW**
	Nick Heidfeld Heinz-Harald Frentzen	→ **Sauber-Petronas**
	David Coulthard Kimi Räikkönen	→ **McLaren-Mercedes**
	Cristiano Da Matta Olivier Panis	→ **Toyota**
1er Rang (Assis)	Mark Webber Antonio Pizzonia	→ **Jaguar**
	Michael Schumacher Rubens Barrichello	→ **Ferrari**
	Jos Verstappen Justin Wilson	→ **Minardi-Cosworth**

écuries

FERRARI

On ne change pas une équipe qui gagne. La stabilité a été de rigueur cet hiver à Maranello. La nouvelle monoplace F 2003 GA ne fera ses débuts en course qu'au début de la saison européenne. Elle s'est montrée déjà beaucoup plus rapide que son aînée, mais sa fiabilité est perfectible pour l'instant.

On reprend donc les mêmes et on recommence. La soif de victoires de Michael Schumacher ne s'est pas étanchée dans l'hiver. Comme un extra-terrestre, il est toujours sur une autre planète. La motivation de tout son état-major est solide. On peut compter sur Jean Todt pour éviter tour relâchement coupable. Bien épaulé par un Rubens Barrichello meilleur que jamais, les Ferrari semblent prêtes pour une nouvelle démonstration. La Scuderia Ferrari a mis des lustres à revenir au sommet. Il est difficile de parvenir au sommet, encore plus dur d'y rester. Avec d'énormes moyens techniques et financiers, une organisation et une stratégie sans failles, rien ne semble pouvoir arrêter l'hégémonie des rouges sur le monde des Grands Prix.

Signe des temps ou juste concours de circonstances ? Melbourne est une date anniversaire. Depuis le Grand Prix d'Europe 1999 au Nürburgring, il y avait toujours eu une Ferrari sur le podium. Cela faisait 53 courses...

Quels enseignements faut-il en tirer? L'avenir nous le dira. La concurrence a elle enfin réagi et pense que les plaisanteries les plus courtes sont toujours les meilleures...

Châssis: Ferrari F2002 / Ferrari F2003 GA

Moteur: V10 Ferrari 052 (92°)

Pneus: Bridgestone

Scuderia Ferrari Marlboro

Adresse : Gestione Sportiva
Scuderia Ferrari Marlboro
Via Ascari 55-57
41053 Maranello (Mo) Italia

Tel : +39 0536 94 91 11
Fax : +39 0536 94 64 88

Internet : www.ferrari.it

Directeur Gestion Sportive : Jean Todt
Directeur technique : Ross Brawn
Nombre d'employés : 700

Ecurie fondée en 1929
Débuts en GP : Monaco 1950
Nombre de GP disputés : 670

Première victoire : Grande-Bretagne 1951 (Gonzales)
Nombre de victoires : 159

Première pole-position : Grande-Bretagne 1951 (Gonzalez)
Nombre de pole-positions : 158

Premier meilleur tour : Suisse 1952 (Taruffi)
Nombre de meilleurs tours : 159

Premiers points : Monaco 1950 (Ascari, 2e)
Nombre de points marqués : 2 880,5 (2924,5)
Moyenne de points par course : 4,30 (4,36)

Premier podium : Monaco 1950 (Ascari, 2e)
Nombre de podiums : 509

Titres mondiaux constructeurs : 12
(1961, 1964, 1975, 1976, 1977, 1979, 1982, 1983, 1999, 2000, 2001 et 2002).
Titres mondiaux pilotes : 12
(Ascari : 1952 et 1953, Fangio : 1956, Hawthorn : 1958, P. Hill : 1961, Surtees : 1964, Lauda : 1975 et 1977, Scheckter : 1979 et M. Schumacher : 2000, 2001 et 2002).

Pilotes d'essais : Luca Badoer (Italie)
Felipe Massa (Brésil).

Les +

- Organisation parfaite et aguerrie.
- Moyens techniques et financiers.
- Pilotes excellents et complémentaires.

La saison 2002 en bref...

- Champion du monde des constructeurs.
- 15 victoires (Schumacher 11, Barrichello 4).
- 10 pole-positions (Schumacher 7, Barrichello 3).
- 12 meilleurs tours en course (Schumacher 7, Barrichello 5).
- 221 points marqués (Schumacher 144, Barrichello 77).
- 27 podiums (Schumacher 17, Barrichello 10)
- 29 Grands Prix terminés sur 34 disputés (Schumacher 17, Barrichello 12).
- 28 Grands Prix finis dans les points (Schumacher 17, Barrichello 11).

Les —

- Usure du pouvoir ?
- Il est parfois plus difficile de se maintenir au sommet que d'y arriver.
- Toute l'équipe est focalisée sur Michael Schumacher.
- Pas de véritables points faibles...

Jean Todt

Ross Brawn

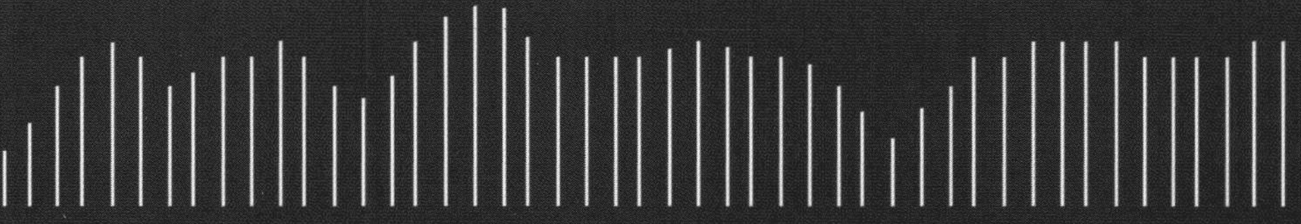

Rien ne semble l'arrêter. Au sommet de son art depuis des lustres, Michael Schumacher continue d'écraser la Formule 1 de sa classe. Titré l'an passé pour la cinquième fois, ayant rejoint un Juan Manuel Fangio que l'on croyait inaccessible sur son pied d'estal, le pilote allemand ne compte certainement pas s'arrêter en si bon chemin. Sa soif de victoires semble inaltérable. Il a les atouts pour faire encore souffrir longtemps ses adversaires. Le seul trophée qui lui manque encore est celui des records des pole positions. Il s'attachera certainement à s'en emparer cette année. La malchance ne semble même pas avoir de prise sur lui. Sa régularité est déconcertante.

Sa domination est insolente et la concurrence l'an passé s'est contentée des miettes de son festin. Ses victoires trop faciles provoquent l'agacement et l'intérêt de la Formule 1 est en baisse. En 2002, il a tué le championnat, coiffant sa cinquième couronne à la mi-saison.

Mais pourquoi l'accabler ? C'est la concurrence qui est perfectible.

A vaincre sans péril, on triomphe sans gloire. On lui reproche encore certains de ses égarements sur la piste. Il n'est pas doux comme un agneau. Les passionnés veulent de la bagarre. Schumacher le souhaite aussi. Cet homme de panache n'aime pas les processions, les promenades de santé du dimanche après-midi. Ses adversaires semblent cette année prêts à troubler sa marche triomphale. Champion d'exception, pilote hors classe, le Baron rouge est prêt pour de nouveaux exploits, soutenu sans failles par la meilleure équipe de la grille.

Michael Schumacher

Date et lieu de naissance : 3 janvier 1969 à Hürth-Hermühlheim (Allemagne)
Nationalité : Allemande
Lieu de résidence : Vufflens-le-Château (Suisse)
Situation familiale : Marié à Corinna, une fille et un garçon, Gina Maria et Mick
Taille : 1,74 m
Poids : 75 kg

Internet : www.michael-schumacher.com

#1

MICHAEL SCHUMACHER

Titres obtenus

- 1984 et 1985 : Champion d'Allemagne de kart.
- 1988 : Champion d'Allemagne de Formule König.
- 1990 : Champion d'Allemagne de F3.
- 1994, 1995, 2000, 2001 et 2002 : Champion du monde de Formule 1.

En bref ...

Débuts en compétition : 1973 (kart)
Débuts en GP : Belgique 1991 (Jordan-Ford)

- 179 Grands Prix disputés
- 945 points marqués
- Moyenne de points par GP : 5,28
- 113 podiums
- 64 victoires
- 34 fois 2e
- 15 fois 3e
- 6 fois 4e
- 6 fois 5e
- 4 fois 6e
- 50 pole positions
- 51 meilleurs tours
- 17 082 Kilomètres en tête
- 3 656 Tours en tête

Palmarés en F1

Meilleur classement au championnat du monde de F1 : Champion du monde en 1994 et 95 (Benetton), et en 2000, 2001 et 2002 (Ferrari)
Meilleur résultat en F1 : 1er (64 victoires)
Meilleure qualification en F1 : 1er (50 pole-positions)

1991 : Jordan-Ford, Benetton-Ford • (1+5) 6 GP, 4 pts, 12e
1992 : Benetton-Ford • 16 GP, 53 points, 3e
1993 : Benetton-Ford • 16 GP, 52 points, 4e
1994 : Benetton-Ford • 14 GP, 92 pts, Champion du monde
1995 : Benetton-Renault • 17 GP, 102 pts, Champion du monde
1996 : Ferrari • 16 GP, 59 points, 3e
1997 : Ferrari • 17 GP, 78 pts, (2e, exclu du championnat)
1998 : Ferrari • 16 GP, 86 points, 2e
1999 : Ferrari • 10 GP, 44 points, 5e
2000 : Ferrari • 17 GP, 108 pts, Champion du monde
2001 : Ferrari • 17 GP, 123 pts, Champion du monde
2002 : Ferrari • 17 GP, 144 pts, Champion du monde

Equipiers en F1

1991 : A. De Cesaris (Jordan-Ford) et N. Piquet (Benetton-Ford)
1992 : M. Brundle
1993 : R. Patrese
1994 : J.-J. Lehto, J. Verstappen et J. Herbert
1995 : J. Herbert
1996, 1997, 1998 et 1999 : E. Irvine
2000, 2001 et 2002 : R. Barrichello

Le verdict des qualifications 2002 :
Schumacher 13 / Barrichello 4

50 QUESTIONS → MICHAEL SCHUMACHER

Première voiture conduite ?
Une Fiat 500 à l'âge de huit ans. La première fois que je l'ai conduit, mon pied a glissé de la pédale d'embrayage. Nous étions garés face à un mur. Heureusement, mon père a eu le temps de tirer sur le frein à main.

Véhicule personnel ?
Une Maserati 3200 GT et une Ferrari 550 Maranello. J'ai aussi une Fiat 500 que m'a offerte le président Montezemolo.

Véhicule préféré ou de rêve ?
J'adore la Ferrari 550 Maranello.

Voiture de course dont vous gardez le meilleur souvenir ?
La Ferrari F 2002 était extraordinaire. Mais la F2003 GA sera peut-être encore meilleure.

Quelle a été votre plus mauvaise voiture ?
La Ferrari F 310 de 1996, ma première Ferrari…

Meilleur souvenir en course ?
C'est trop difficile d'en discerner un. J'en ai trop…

Le plus mauvais souvenir en course ?
Imola 1994 et mon accrochage avec Villeneuve en 1997 à Jerez.

Vous rappelez vous le premier GP que vous avez vu à la télévision ?
Je ne me souviens plus très bien. Je sais juste que Hans Stuck était sorti de la piste. C'était au Nürburgring.

Le premier auquel vous avez assisté ?
Certainement quand je courais en F3 lors du Grand Prix d'Allemagne 1989 à Hockenheim.

Votre but en compétition ?
Gagner le plus de courses possible. Le reste n'a pas vraiment d'importance.

Votre circuit préféré ?
Spa était mon circuit préféré.

Le circuit que vous détestez ?
Je n'aime pas trop Monaco. Bien que la piste soit très belle, c'est l'un des plus dangereux.
Que vous inspire la disparition de Spa au calendrier ?
Je le regrette profondément. Ce circuit est unique, très exigeant en pilotage, et situé dans un cadre magnifique.

Votre pilote préféré dans l'histoire ?
Ayrton Senna.
Votre pilote préféré en activité ?
Mon frère naturellement. Mais je suis aussi content du retour de Jos Verstappen.
Quel a été votre meilleur équipier ?
Sans hésitation, je dirais Rubens Barrichello.
Si vous étiez directeur d'une écurie, quels pilotes choisiriez-vous ?
Je suis content de pas l'être et je n'entend pas le devenir.
Qu'est ce qui vous passionne dans cette profession ?
Travailler avec mon écurie, progresser et enfin gagner.
Qu'est ce qui ne vous plait pas ?
C'est un monde très artificiel.

Quel est votre moment préféré d'un Grand Prix ?
Les instants qui précèdent la course, quand est seul, concentré au maximum. J'apprécie aussi le moment où l'on franchit la ligne en vainqueur.
Montez-vous toujours du même côté dans votre voiture ?
Si l'on se situe de l'arrière de la voiture, je monte du côté gauche.
Avez-vous songé à votre reconversion ?
Il n'y a que j'aime plus et que je fais mieux que la course. Je ne sais pas encore quand je me retirerais et j'ignore encore ce que je ferais alors.
Plat préféré ?
La cuisine italienne, les spaghettis à la tomate et aux quatre fromages.
Plat détesté ?
Particulièrement rien.
Boisson préférée ?
Le jus de pomme avec de l'eau gazeuse.
Aimez-vous l'alcool ?
Parfois, j'aime boire un bon verre de vin.
Avez-vous déjà fumé ?
Oui, assez souvent pour être sincère. J'aime fumer un bon cigare à la fin d'un bon week-end de course.
Sports pratiqués ?
Je joue toujours au football, je fais du vélo, du VTT, du kart, de l'escalade, de la plongée sous-marine de temps en temps, du jogging et bien sûr une bonne préparation physique.
Sports préférés ?
J'aime tous les sports.
Quel est votre sportif préféré ?
J'admire ce qu'est capable de faire Zinedine Zidane
Quels sont vos hobbies ou vos centres d'intérêt en dehors du sport ?
J'aime être avec Corinna et les enfants.
Films préférés ?
J'ai bien aimé " American Pie ".
Acteurs préférés ?
Jodie Foster, Meryl Streep, Nicolas Cage et Anthony Hopkins

Que regardez-vous à la télévision ?
Principalement les journaux d'informations.
Quel type de musique aimez-vous ?
En ce moment, j'aime bien Anastacia.
Lectures préférées ?
Les romans policiers et les livres d'espionnage.
Couleur préférée ?
Dans ma vie professionnelle, c'est le rouge, sinon le bleu.
Quel est l'endroit où vous préférez prendre des vacances ?
Dans notre chalet en Norvège. J'aime bien aller aussi dans l'Utah avant Indianapolis.
Votre ville préférée pour faire du shopping ?
Je n'ai pas vraiment de préférence.
Que collectionnez-vous ?
Les montres Omega. C'est presque une drogue
Avez-vous des animaux ?
Nous avons quatre chiens, deux chevaux et deux poneys.
En dehors du sport automobile, qui admirez-vous ?
Les gens capables d'exploits comme les triathloniens.
Si vous partiez dans une île déserte, qu'emporteriez-vous ?
Sans hésitation, Corinna et les enfants.
Une journée idéale ?
Elle devrait durer plus de 24 heures. Après une longue nuit, j'aime un réveil en douceur, les enfants qui jouent avec nous sur le lit. Ensuite, faire un peu de sport, faire plein d'activités avec les enfants, les filmer…
Quel a été le plus beau jour de votre vie ?
S'il vous plait, ne me demandez-pas d'établir un classement entre la naissance de mes enfants et mes victoires qui m'ont apportées de titres.
Qu'est ce qui vous fait le plus rire dans la vie ?
Ma fille Gina-Maria. Elle fait parfois des choses qui me font mourir de rire.
Si vous n'aviez pas été pilote, qu'auriez-vous fait ?
Je pense que j'aurais fait de la mécanique dans un garage.
Dans la vie, qu'est ce qui est le plus important pour vous ?
Le bonheur de ma famille.
Quelles sont vos principales qualités ?
Je n'aime pas en parler.
Avez-vous des défauts ?
Je compte sur vous pour me le dire…

FERRARI

Etouffé par la présence d'un équipier bien encombrant, Rubens Barrichello garde le moral. Condamné à subir la loi de Michael Schumacher, le petit Brésilien continue de jouer crânement sa chance.

Victime l'an passé de la manœuvre organisée par l'état-major de Ferrari, il a été par la suite récompensé par plusieurs succès. Il se constitue un fort joli palmarès lorsqu'il est épargné par la malchance.

Les statistiques sont claires. Barrichello collectionne les petits soucis et gros tracas alors que son équipier poursuit sa marche triomphale…

Ses performances sont sans cesse plus proches de celles de son glorieux partenaire. A trente et un ans, Rubinho a encore de belles années devant lui. Il attaque sa onzième saison avec une fraîcheur et une motivation étonnantes. Ses deux années de contrat chez Ferrari peuvent lui permettre de réaliser encore de belles choses. Vice champion du monde, il sait bien que son destin dépend d'une éventuelle lassitude de son chef de file. Alors, dans cette hypothèse, tous les espoirs seraient permis…

Rubens Barrichello

Date et lieu de naissance : 23 mai 1972 à Sao Paolo (Brésil)
Nationalité : Brésilienne
Lieu de résidence : Monaco
Situation familiale : Marié à Silvana, un fils, Eduardo
Taille : 1,72 m
Poids : 78 kg

Internet : www.barrichello.com.br

#2

RUBENS BARRICHELLO

Titres obtenus

- De 1981 à 1988 : Champion du Brésil de kart.
- 1990 : Champion Euroseries Opel Lotus.
- 1991 : Champion de Grande-Bretagne de F3.

En bref ...

Débuts en compétition : 1981 (kart)
Débuts en GP : Afrique du Sud 1993 (Jordan-Hart)

- 164 Grands Prix disputés
- 272 points marqués
- Moyenne de points par GP : 1,65
- 35 podiums
- 5 victoires
- 15 fois 2e
- 14 fois 3e
- 14 fois 4e
- 12 fois 5e
- 4 fois 6e
- 6 pole-positions
- 8 meilleurs tours
- 2424 kilomètres en tête
- 517 tours en tête

Palmarés en F1

Meilleur classement au championnat du monde de F1 : 2e en 2002 (Ferrari)
Meilleur résultat en F1 : 1er (5 victoires)
Meilleure qualification en F1 : 1er (6 pole-positions)

1993 : Jordan-Hart • 16 GP, 2 points, 17e
1994 : Jordan-Hart • 15 GP, 19 points, 6e
1995 : Jordan-Peugeot • 17 GP, 11 points, 11e
1996 : Jordan-Peugeot • 16 GP, 14 points, 8e
1997 : Stewart-Ford • 17 GP, 6 points, 14e
1998 : Stewart-Ford • 16 GP, 4 points, 14e
1999 : Stewart-Ford • 16 GP, 21 points, 7e
2000 : Ferrari • 17 GP, 62 points, 4e
2001 : Ferrari • 17 GP, 56 points, 3e
2002 : Ferrari • 17 GP, 77 points, 2e

Equipiers en F1

1993 : I. Capelli, T. Boutsen, E. Naspetti, M. Apicella et E. Irvine
1994 et 1995 : E. Irvine
1996 : M. Brundle
1997 : J. Magnussen
1998 : J. Magnussen et J. Verstappen
1999 : J. Herbert
2000, 2001 et 2002 : M. Schumacher

Le verdict des qualifications 2002 :
Barrichello 4 / Schumacher 13

50 QUESTIONS → RUBENS BARRICHELLO

Première voiture conduite ?
Une vieille GM à six ans.
Véhicule personnel ?
Maserati 3200 GT.
Véhicule préféré ou de rêve ?
La Ferrari 360 Modena.
Voiture de course dont vous gardez le meilleur souvenir ?
Toutes les Ferrari F1 que j'ai pilotées.
Quelle a été votre plus mauvaise voiture ?
La Stewart de 1998.
Meilleur souvenir en course ?
Ma première victoire en F1 à Hockenheim en 2000.
Le plus mauvais souvenir en course ?
Imola 1994 sera toujours un cauchemar.
Vous rappelez vous le premier GP que vous avez vu à la télévision ?
Le Grand Prix d'Italie à Monza en 1978.
Le premier auquel vous avez assisté ?
Le Brésil en 1978.
Votre but en compétition ?
Devenir champion du monde.
Votre circuit préféré ?
Interlagos au Brésil.
Le circuit que vous détestez ?
Tous les circuits ont un intérêt. Mais Budapest n'est pas terrible. C'est trop étroit et sinueux.
Que vous inspire la disparition de Spa au calendrier ?
C'est bien dommage. C'était un vrai circuit d'hommes.
Votre pilote préféré dans l'histoire ?
Ayrton Senna.
Votre pilote préféré en activité ?
J'aime bien plaisanter avec Montoya.
Quel a été votre meilleur équipier ?
Je m'entends très bien avec Michael Schumacher. Dans le temps, j'ai eu de bons rapports avec Johnny Herbert.
Si vous étiez directeur d'une écurie, quels pilotes choisiriez-vous ?
Je prendrais des pilotes rapides et expérimentés.
Qu'est ce qui vous passionne dans cette profession ?
La sensation de vitesse et le plaisir de gagner.
Qu'est ce qui ne vous plait pas ?
En F1, toute vérité n'est pas bonne à dire… Et puis, j'aimerais bien supprimer quelques journées d'essais privés entre les courses.

Quel est votre moment préféré d'un Grand Prix ?
Les qualifications.
Montez-vous toujours du même côté dans votre voiture ?
Oui, du côté droit.
Avez-vous songé à votre reconversion ?
Le jour où je n'aurais plus envie de gagner, j'irais faire autre chose.
Plat préféré ?
Les pâtes.
Plat détesté ?
Je n'aime pas la mangue.
Boisson préférée ?
Le Red Bull.
Aimez-vous l'alcool ?
J'aime bien boire un verre de bon vin de temps en temps.
Avez-vous déjà fumé ?
Le cigare.
Sports pratiqués ?
Le jogging, le squash, le jet ski, le tennis, un peu de surf du golf et maintenant du triathlon. J'en ai fait un au Brésil et je voudrais en faire en Europe.
Sports préférés ?
Le football, le jet-ski et les Grands Prix motos.

Quel est votre sportif préféré ?
Le joueur de tennis Gustavo Kuerten, Ronaldo et Tiger Woods qui est un phénomène.
Quels sont vos hobbies ou vos centres d'intérêt en dehors du sport ?
J'aime me reposer et avoir une vie tranquille au Brésil avec ma famille.
Films préférés ?
J'aime bien aller au cinéma, mais je ne me rappelle pas quel film j'ai vraiment aimé. J'ai passé un bon moment avec le dernier James Bond.
Acteurs préférés ?
Robert de Niro, Cameron Diaz et Robin Williams.
Que regardez-vous à la télévision ?
Les divertissements.
Quel type de musique aimez-vous ?
J'aime bien en ce moment Biaggo Antonacci.
Lectures préférées ?
Les livres sur les sciences. Je lis dans l'avion lorsque je n'arrive pas à dormir. J'ai lu dernièrement un livre sur la réincarnation.
Couleur préférée ?
Le bleu.
Quel est l'endroit où vous préférez prendre des vacances ?
Au Brésil, en famille.
Votre ville préférée pour faire du shopping ?
Miami aux Etats-Unis.
Que collectionnez-vous ?
Rien de particulier. J'ai beaucoup de paires de chaussures de tennis…
Avez-vous des animaux ?
J'ai trois chiens labradors au Brésil. J'adore les chiens.
En dehors du sport automobile, qui admirez-vous ?
Mon père et ma famille.
Si vous partiez dans une île déserte, qu'emporteriez-vous ?
Ma femme Silvana et mon fils Eduardo.
Une journée idéale ?
Etre en famille et avec des amis au Brésil.

Quel a été le plus beau jour de votre vie ?
La naissance de mon fils Eduardo.
Qu'est ce qui vous fait le plus rire dans la vie ?
Les blagues et les farces.
Si vous n'aviez pas été pilote, qu'auriez-vous fait ?
J'ai toujours voulu être pilote.
Dans la vie, qu'est ce qui est le plus important pour vous ?
Etre heureux.
Quelles sont vos principales qualités ?
L'originalité.
Avez-vous des défauts ?
La pression dans le passé m'a parfois joué des tours.

WILLIAMS BMW

L'hégémonie de Williams sur la Formule 1 au cœur des années 90 semble si loin. Malgré les efforts conjugués de l'équipe de Franck Williams et de BMW et une paire d'excellents pilotes, l'objectif semble pour l'instant inaccessible. La correction infligée par Ferrari et encore bien présente dans les mémoires. La nouvelle politique de Michelin peut permettre de réduire le gouffre. Un Montoya irrésistible s'il ne commet pas d'étourderies comme à Melbourne peut combler une part importante de l'écart. Le nouvel homme fort des grilles de départ n'a jamais été en mesure l'an passé de tirer la quintessence de cet accessit pour des raisons techniques et parfois humaines.

Le nouveau système de qualification peut être un avantage pour le colombien. Son équipier Ralf Schumacher doit réagir s'il ne veut pas compromettre la suite de sa carrière. Les deux hommes se détestent cordialement, mais coopèrent techniquement. Cette rivalité chère à Franck Williams peut élever le niveau des résultats. On dit que le moteur BMW est le plus puissant du plateau. Cette équipe dispose quand même de beaucoup d'atouts pour empêcher Ferrari de poursuivre sa procession.

Châssis: Williams FW25

Moteur: V10 BMW P83 (90°)

Pneus: Michelin

BMW WilliamsF1 Team

Adresse : WilliamsF1
Grove, Wantage, Oxfordshire
OX12 ODQ, Grande-Bretagne

Tel : +44 (0)1235-777.700
Fax : +44 (0)1235-764.705

Internet : www.bmw.williamsf1.com

Directeur général : Frank Williams
Directeur technique : Patrick Head
Nombre d'employés : 420

Ecurie fondée en 1969
Débuts en GP : Argentine 1975 (Arg. 1973, sous ISO)
Nombre de GP disputés : 462 (dont 30, sous ISO)

Première victoire : Grande-Bretagne 1979 (C. Regazzoni)
Nombre de victoires : 108

Première pole-position : Grande-Bretagne 1979 (Jones)
Nombre de pole-positions : 119

Premier meilleur tour : Autriche 1973 (Ganley) sous ISO Etats-Unis Ouest 1978 (Jones)
Nombre de meilleurs tours : 121

Premiers points : Hollande 1973 (Van Lennep, 6e) sous ISO, Allemagne 1975 (Laffite, 2e)
Nombre de points marqués : 2 197,5 (2203,5 avec ISO)
Moyenne de points par course : 4,75

Premier podium : Allemagne 1975 (Laffite, 2e)
Nombre de podiums : 274

Titres mondiaux constructeurs : 9
(1980, 1981, 1986, 1987, 1992, 1993, 1994, 1996 et 1997).
Titres mondiaux pilotes : 7
(Jones : 1980, Rosberg : 1982, Piquet : 1986, Mansell : 1992, Prost : 1993, D. Hill : 1996, J. Villeneuve : 1997).

Pilote d'essais : Marc Gené (Espagne)
Ricardo Sperafico (Brésil).

La saison 2002 en bref...

- 2e au championnat des constructeurs.
- 1 victoire (R. Schumacher 1).
- 7 pole-positions (Montoya 7).
- 3 meilleurs tours en course (Montoya 3).
- 92 points marqués (Montoya 50, R. Schumacher 42).
- 13 podiums (Montoya 7, R. Schumacher 6)
- 26 Grands Prix terminés sur 34 disputés (Montoya 13, R. Schumacher 13).
- 22 Grands Prix finis dans les points (Montoya 12, R. Schumacher 10).

Les +

- Bon budget.
- Excellents pilotes.
- Moteur BMW.
- Volonté de regagner.

Les —

- Rapports entre les pilotes.
- Sens de la stratégie parfois perfectible.
- Performance du châssis FW 25.

Frank Williams

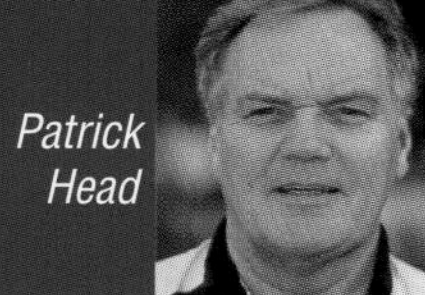

Patrick Head

WILLIAMS BMW

Le petit Colombien a le vent en poupe. Il est de la trempe des très grands champions. Parfois sa fougue et son audace lui jouent encore des tours comme en Australie lors de l'ouverture du championnat 2003. Sur un tour, il rappelle étrangement Ayrton Senna qui était son idole. Avec un peu plus de maturité et de calme en certaines occasions, Juan Pablo Montoya deviendra dans un futur proche un abonné des podiums et des victoires.

Cette rigueur qui lui fait encore défaut en certaines occasions le prive de résultats qu'il a construit à la force du poignet.

Coqueluche du public et des médias, ses mimiques et grimaces rendent le personnage attachant. Dans le paddock, sa décontraction est étonnante.

Sur la piste, il sait se montrer intraitable. L'an passé, il a écrit quelques-unes des plus belles pages de la saison suite à ses passes d'armes avec Räikkonen. Il semble avoir pris la mesure de son équipier et voit rouge lorsqu'on évoque devant lui le nom de Schumacher.

Juan Pablo Montoya

Date et lieu de naissance : 20 septembre 1975 à Bogota (Colombie)
Nationalité : Colombienne
Lieu de résidence :
Monte-Carlo, Oxford, Miami Beach et Madrid
Situation familiale : Marié à Connie
Taille : 1,68 m
Poids : 72 kg

Internet : www.jpmontoya.com

#3

JUAN PABLO MONTOYA

Titres obtenus

- 1991 et 1992 : Champion du monde junior de kart.
- 1998 : Champion International de F3000.
- 1999 : Champion CART aux Etats-Unis.
- 2000 : Vainqueur des 500 Miles d'Indianapolis.

En bref...

Débuts en compétition : 1981 (kart), 1992 (F. Renault)
Débuts en GP : Australie 2001 (Williams-BMW)

- 34 Grands Prix disputés
- 81 points marqués
- Moyenne de points par GP : 2,38
- 11 podiums
- 1 victoire
- 7 fois 2e
- 3 fois 3e
- 5 fois 4e
- 1 fois 5e
- 10 pole-positions
- 6 meilleurs tours
- 932 Kilomètres en tête
- 187 Tours en tête

Palmarés en F1

Meilleur classement en F1 : 3e en 2002 (Williams-BMW)
Meilleur résultat en F1 : 1er (1 victoire)
Meilleure qualification en F1 : 1er (10 pole-positions)

2001 : Williams-BMW • 17 GP, 31 points, 6e
2002 : Williams-BMW • 17 GP, 50 points, 3e

Equipiers en F1

2001 et 2002 : R. Schumacher

Le verdict des qualifications 2002 :
Montoya 9 / R. Schumacher 8

50 QUESTIONS → JUAN PABLO MONTOYA

Première voiture conduite ?
La voiture de mon père à quatorze ans environ.
Véhicule personnel ?
Je roule avec une BMW M5.
Véhicule préféré ou de rêve ?
J'aurais aimé conduire la Lotus 49 de Graham Hill. Elle devait être sauvage à conduire. J'ai la voiture de mes rêves. Je peux juste dire que ce n'est pas une BMW…
Voiture de course dont vous gardez le meilleur souvenir ?
La Williams FW 19 quand j'étais pilote d'essais en 1998.
Quelle a été votre plus mauvaise voiture ?
No comment…
Meilleur souvenir en course ?
Le titre en CART en 1999 et la victoire à Indy lors de mon coup d'essai en 2000.
Le plus mauvais souvenir en course ?
Les erreurs sont toujours constructives pour l'avenir. C'est ma philosophie sur ce sujet.
Vous rappelez vous le premier GP que vous avez vu à la télévision ?
Je ne me souviens pas exactement, mais il y a bien longtemps. J'admirais les exploits de Senna. C'était à la fin des années 80.

Le premier auquel vous avez assisté ?
C'était à Jerez en 1997 quand Villeneuve a remporté le titre. J'étais venu pour signer mon contrat de pilote d'essais chez Williams.
Votre but en compétition ?
C'est simple: gagner.
Votre circuit préféré ?
Aucun en particulier.
Le circuit que vous détestez ?
Je n'aime pas Barcelone qui n'est pas agréable au point de vue pilotage.
Que vous inspire la disparition de Spa au calendrier ?
C'est un beau circuit.
Votre pilote préféré dans l'histoire ?
J'ai admiré Ayrton Senna.
Votre pilote préféré en activité ?
J'aime bien plaisanter avec Rubens Barrichello avant la parade.
Quel a été votre meilleur équipier ?
Je n'ai jamais eu de problèmes avec mes équipiers.
Si vous étiez directeur d'une écurie, quels pilotes choisiriez-vous ?
Heureusement, je ne suis pas team-manager.
Qu'est ce qui vous passionne dans cette profession ?
C'est le challenge permanent.
Qu'est ce qui ne vous plaît pas ?
Tous les gens incompétents que l'on trouve dans le paddock.
Quel est votre moment préféré d'un Grand Prix ?
J'aime bien les qualifications, pousser la voiture dans ses derniers retranchements.
Montez-vous toujours du même côté dans votre voiture ?
Non, je ne suis pas superstitieux.
Avez-vous songé à votre reconversion ?
Cette idée ne m'a pas effleuré l'esprit.

Plat préféré ?
Les pâtes.
Plat détesté
Rien de particulier.
Boisson préférée ?
Le jus d'orange.
Aimez-vous l'alcool ?
Un verre de vin rouge de temps en temps.
Avez-vous déjà fumé ?
Non.
Sports pratiqués ?
Le squash, le jogging, le vélo, le ski nautique et tous les sports d'eau en général.
Sports préférés ?
Tout ce qui a un moteur.
Quel est votre sportif préféré ?
Je n'en ai pas vraiment qui me viennent à l'esprit.
Quels sont vos hobbies ou vos centres d'intérêt en dehors du sport ?
Les ordinateurs et les jeux vidéo.
Films préférés ?
En général, j'aime bien les films d'action et les films comiques. Dernièrement, j'ai vu "Pearl Harbour".
Acteurs préférés ?
Andie MacDowell.
Que regardez-vous à la télévision ?
Je n'aime pas la télé.
Quel type de musique aimez-vous ?
J'aime bien le rock en général.
Lectures préférées ?
Je ne lis que des revues de sport automobile.
Couleur préférée ?
Le bleu.
Quel est l'endroit où vous préférez prendre des vacances ?
Miami Beach. J'ai une maison là-bas. Je peux faire du jet-ski et du ski nautique.
Votre ville préférée pour faire du shopping ?
C'est aussi Miami.

Que collectionnez-vous ?
Je peux dépenser beaucoup d'argent pour une montre. J'en ai une vingtaine et elles m'ont coûté une petite fortune…
Avez-vous des animaux ?
Je n'en ai pas et je hais les chiens et les chats.
En dehors du sport automobile, qui admirez-vous ?
Peut-être certains sportifs.
Si vous partiez dans une île déserte, qu'emporteriez-vous ?
Ma femme Connie.
Une journée idéale ?
Etre en famille et avec Connie. J'aime être relax, tranquille, jouer un peu avec la Playstation.
Quel a été le plus beau jour de votre vie ?
Je l'attends…
Qu'est ce qui vous fait le plus rire dans la vie ?
Quand je plaisante avec Connie. Je me distrais beaucoup quand je joue avec mes amis à la Playstation et que je gagne.
Si vous n'aviez pas été pilote, qu'auriez-vous fait ?
Je ne sais pas.
Dans la vie, qu'est ce qui est le plus important pour vous ?
Avoir le respect des autres.
Quelles sont vos principales qualités ?
Je suis persévérant.
Avez-vous des défauts ?
Je ne sais pas…

WILLIAMS BMW

La présence de Juan Pablo Montoya chez Williams est de plus en plus encombrante. Pour sa troisième de cohabitation, Ralf Schumacher joue cette année une carte importante pour la suite de sa carrière. Même si sa régularité lui a permis de remporter en 2002 le seul succès de son équipe, son équipier colombien affirme inéxorablement sa supériorité.

Montoya excelle dans l'art des qualifications. Le frère cadet des Schumacher que certains commencent à appeler "Half Schumacher", traducton littérale de "Moitié de Schumacher" commence à prendre ombrage du brio de son équipier et même parfois de son illustre aîné.

Les qualités de Ralf sont incontestables, mais on commence à douter de ses facultés à devenir un vrai leader.

Il joue gros cette saison. Malgré un contrat courant jus qu'à la fin de 2004, le pilote allemand doit se montrer d'une extrême vigilance. Chez Williams, Franck Williams et Patrick Head ne se sont jamais encombrés de préjugés…

Ralf Schumacher

Date et lieu de naissance : 30 juin 1975
à Hurth-Hermühlheim (Allemagne)
Nationalité : Allemande
Lieu de résidence : Monaco
Situation familiale : Marié à Cora, un fils, David
Taille : 1,78 m
Poids : 73 kg

Internet : www.ralf-schumacher.net

#4

RALF SCHUMACHER

Titres obtenus

- 1995 : Vainqueur à Macao en F3.
- 1996 : Champion du Japon de F3000.

En bref...

Débuts en compétition : 1974 (kart)
Débuts en GP : Australie 1997 (Jordan-Peugeot)

- 100 Grands Prix disputés
- 177 points marqués
- Moyenne de points par GP : 1,77
- 20 podiums
- 4 victoires
- 4 fois 2e
- 12 fois 3e
- 11 fois 4e
- 14 fois 5e
- 4 fois 6e
- 1 pole-position
- 6 meilleurs tours
- 984 kilomètres en tête
- 192 tours en tête

Palmarès en F1

Meilleur classement en F1 : 4e en 2001 et 2002 (Williams-BMW)
Meilleur résultat en GP : 1er (4 victoires)
Meilleure qualification en F1 : 1er (1 pole-position)

1997 : Jordan-Peugeot • 17 GP, 13 points, 11e
1998 : Jordan-Mugen Honda • 16 GP, 14 points, 10e
1999 : Williams-Supertec • 16 GP, 35 points, 6e
2000 : Williams-BMW • 17 GP, 24 points, 5e
2001 : Williams-BMW • 17 GP, 49 points, 4e
2002 : Williams-BMW • 17 GP, 42 points, 4e

Equipiers en F1

1997 : G. Fisichella
1998 : D. Hill
1999 : A. Zanardi
2000 : J. Button
2001 et 2002 : J. P. Montoya

Le verdict des qualifications 2002 :
R. Schumacher 8 / Montoya 9

50 QUESTIONS → RALFSCHUMACHER

Première voiture conduite ?
Une Fiat 500 à sept ans.
Véhicule personnel ?
Une BMW MR et une X5.
Véhicule préféré ou de rêve ?
Les nouvelles BMW.
Voiture de course dont vous gardez le meilleur souvenir ?
La Williams FW 23 de 2001 et la Jordan de 1998.
Quelle a été votre plus mauvaise voiture ?
Ce ne serait pas correct pour les gens qui m'ont fait confiance.
Meilleur souvenir en course ?
Mon titre au Japon en 1996 et mes victoires en F1.
Le plus mauvais souvenir en course ?
Je fais tout pour les effacer très vite de ma mémoire.
Vous rappelez vous le premier GP que vous avez vu à la télévision ?
Je ne me souviens pas exactement. J'aurais du mal à donner une date.
Le premier auquel vous avez assisté ?
Je crois que je suis venu voir mon frère à Hockenheim en 1993.
Votre but en compétition ?
J'ai un contrat à long terme avec BMW. C'est un excellent challenge.
Votre circuit préféré ?
Monaco.
Le circuit que vous détestez ?
Spa est dangereux, comme Monaco d'ailleurs.
Que vous inspire la disparition de Spa au calendrier ?
C'est quand même dommage.
Votre pilote préféré dans l'histoire ?
Personne.
Votre pilote préféré en activité ?
Mon frère Michael.
Quel a été votre meilleur équipier ?
Je m'entendais très bien avec Alex Zanardi.
Si vous étiez directeur d'une écurie, quels pilotes choisiriez-vous ?
Ce n'est pas mon job.

Qu'est ce qui vous passionne dans cette profession ?
Le pilotage.
Qu'est ce qui ne vous plaît pas ?
L'hystérie médiatique.
Quel est votre moment préféré d'un Grand Prix ?
J'aime la course dans son ensemble.
Montez-vous toujours du même côté dans votre voiture ?
Je ne suis pas superstitieux.
Avez-vous songé à votre reconversion ?
Pour l'instant, je me concentre sur la course.
Plat préféré ?
Les pâtes et la cuisine autrichienne.
Plat déteste ?
Il n'y a rien que je déteste vraiment.
Boisson préférée ?
Le jus de pomme avec de l'eau gazeuse.
Aimez-vous l'alcool ?
De temps en temps, une bière.
Avez-vous déjà fumé ?
Un cigare occasionnellement.
Sports pratiqués ?
Le tennis, le vélo, l'équitation, le kart et la préparation physique.

Sports préférés ?
Les Jeux Olympiques, le basket et les grandes rencontres d'athlétisme.
Quel est votre sportif préféré ?
J'ai beaucoup d'admiration pour les sportifs de haut niveau qui dominent leurs disciplines.
Quels sont vos hobbies ou vos centres d'intérêt en dehors du sport ?
J'adore jouer au backgammon.
Films préférés ?
J'ai bien aimé "X-men".
Acteurs préférés ?
Bill Crosby.
Que regardez-vous à la télévision ?
Je la regarde surtout pour me changer les idées.
Quel type de musique aimez-vous ?
Le soft rock.
Lectures préférées ?
J'ai lu tous les "Harry Potter" dernièrement.
Couleur préférée ?
J'aime les couleurs foncées.
Quel est l'endroit où vous préférez prendre des vacances ?
En Autriche où à la plage.

Votre ville préférée pour faire du shopping ?
Singapour.
Que collectionnez-vous ?
Je ne suis pas collectionneur.
Avez-vous des animaux ?
Un chien, un taureau, des vaches et un cheval.
En dehors du sport automobile, qui admirez-vous ?
Mon frère et ma famille.
Si vous partiez dans une île déserte, qu'emporteriez-vous ?
Un bateau pour vite partir.
Une journée idéale ?
Etre chez moi avec Cora et mon fils David.
Quel a été le plus beau jour de votre vie ?
J'espère qu'il viendra...
Qu'est ce qui vous fait le plus rire dans la vie ?
Une bonne blague et l'humour anglais.
Si vous n'aviez pas été pilote, qu'auriez-vous fait ?
Je pense que j'aurais été dans les affaires.
Dans la vie, qu'est ce qui est le plus important pour vous ?
D'abord, la santé, bien gagner sa vie et atteindre les objectifs que l'on s'est fixés.
Quelles sont vos principales qualités ?
Je suis très fort mentalement.
Avez-vous des défauts ?
Je suis trop égoïste.

McLAREN MERCEDES

Après le palace dominant le paddock depuis le début de la saison européenne 2002, l'usine ultra-moderne de Paragon, dont une partie des installations est située sous une étendue d'eau, en harmonie avec l'environnement sera en service dans quelques mois.

La mégalomanie de Ron Dennis maître de ces lieux ne souffre pas des difficultés conjoncturelles du moment...

Cet hiver, de nombreux observateurs affirmaient que le retour au premier plan de McLaren était imminent. L'arrivée de quelques techniciens de renom comme John Sutton, l'homme des boîtes de vitesses de Ferrari, Mike Coughlan, ancien directeur technique d'Arrows et Werner Laurentz, motoriste de BMW sont de véritables atouts.

L'équipe de Ron Dennis a suivi l'exemple de Ferrari. Elle a commencé la saison avec un modèle expérimenté avant de faire débuter la McLaren MP4-18 au début de la saison européenne. Le département moteur Ilmor a été renforcé par l'arrivée de nombreux techniciens de Mercedes. Avec des pneus Michelin mieux adaptés, Kimi Räikkönen et David Coulthard sont attendus sur le devant de la scène. A Melbourne, profitant des incertitudes de la nouvelle réglementation et des conditions aléatoires de la course, ce vieux renard de Coulthard n'a pas laissé passer sa chance. Son jeune équipier finlandais l'accompagnant aussi sur la troisième marche du podium.

Les flèches d'argent ont retrouvé de la vigueur et du tonus pour taquiner et narguer les insolentes Ferrari.

Châssis: McLaren MP4-17D/18A

Moteur: V10 Mercedes-Benz FO110M (90°)

Pneus: Michelin

West McLaren Mercedes

Adresse : McLaren International Ltd
Woking Business Park,
Albert Drive, Sheerwater
Woking, Surrey GU21 5JY, Grande-Bretagne

Tel : +44 (0)1483-711.311
Fax : +44 (0)1483-711.448

Internet : www.mclaren.com

Directeur général : Ron Dennis
Directeur technique : Adrian Newey
Nombre d'employés : 520

Ecurie fondée en 1963
Débuts en GP : Monaco 1966
Nombre de Grands Prix disputés : 526

Première victoire : Belgique 1968 (McLaren)
Nombre de victoires : 134

Première pole-position : Canada 1972 (Revson)
Nombre de pole-positions : 112

Premier meilleur tour : Afrique du Sud 1970 (Surtees)
Nombre de meilleurs tours : 108

Premiers points : Grande-Bretagne 1966 (McLaren, 6e)
Nombre de points marqués : 2 583,5
Moyenne de points par course : 4,91

Premier podium : Espagne 1968 (Hulme, 2e)
Nombre de podiums : 341

Titres mondiaux constructeurs : 8
(1974, 1984, 1985, 1988, 1989, 1990, 1991 et 1998).
Titres mondiaux pilotes : 11
(E. Fittipaldi : 1974, Hunt : 1976, Lauda : 1984, Prost : 1985, 1986 et 1989, Senna : 1988, 1990 et 1991, Häkkinen : 1998 et 1999).

3e pilote : Alexander Wurz (Autriche).
Pilote d'essais : Pedro de la Rosa (Espagne).

La saison 2002 en bref...

- 3e au championnat des constructeurs.
- 1 victoire (Coulthard).
- Meilleure qualification : 2e (Coulthard > Monaco, Räikkönen > Belgique).
- 2 meilleurs tours en course (Coulthard 1, Räikkönen 1).
- 65 points marqués (Coulthard 41, Räikkönen 24).
- 10 podiums (Coulthard 6, Räikkönen 4)
- 19 Grands Prix terminés sur 34 disputés (Coulthard 13, Räikkönen 6).
- 17 Grands Prix finis dans les points (Coulthard 11, Räikkönen 6).

Les +

- Excellents pilotes.
- Excellents moyens techniques et financiers.
- Début de la saison avec modèle expérimenté.
- Volonté de revenir au premier plan.

Les —

- Pas de premier pilote.
- Fiabilité du nouveau moteur.

Ron Dennis

Adrian Newey

MCLAREN MERCEDES

L'élégant pilote écossais motivé comme au premier jour a réalisé qu'il ne coifferait jamais la couronne mondiale. Après avoir subit la domination de son équipier Häkkinen à la fin des années 1990, il a laissé passer sa chance. Par la suite, le rouleau compresseur Ferrari ne lui pas laissé le moyen de s'exprimer. Puis l'arrivée d'un autre finlandais, le jeune Râikkönen bouleverse de nouveau ses plans. Le brio de son bouillant cadet l'écarte de la lumière. Il conserve malgré tout la confiance de Ron Dennis. Le bail de Couthard chez McLaren est à durée indéterminée. C'est sa huitième année chez les flèches d'argent.

Toujours régulier, David Coulthard récolte parfois les fruits gaspillés par ses adversaires. Ce fut le cas en 2002 à Monaco et à Melbourne cette année.

David Coulthard

Date et lieu de naissance : 27 mars 1971 à Twynholm (Ecosse)
Nationalité : Britannique
Lieu de résidence : Monaco
Situation familiale : Fiancé à Simone
Taille : 1,82 m
Poids : 72,5 kg

Internet : www.davidcoulthard.com

#5

DAVID COULTHARD

Titre obtenu

- 1989 : Champion Junior de Grande-Bretagne de Formule Ford 1600.

En bref ...

Débuts en compétition : 1983 (kart)
Débuts en GP : Espagne 1994 (Williams-Renault)

- 141 Grands Prix disputés
- 400 points marqués
- Moyenne de points par GP : 2,83
- 57 podiums
- 12 victoires
- 25 fois 2e
- 20 fois 3e
- 7 fois 4e
- 11 fois 5e
- 7 fois 6e
- 12 pole-positions
- 18 meilleurs tours
- 4 015 Kilomètres en tête
- 855 Tours en tête

Palmarés en F1

Meilleur classement en F1 : 2e en 2001 (McLaren-Mercedes)
Meilleur résultat en F1 : 1er (12 victoires)
Meilleure qualification en F1 : 1er (12 pole-positions)

1994 : Williams-Renault • 8 GP, 14 points, 8e
1995 : Williams-Renault • 17 GP, 49 points, 3e
1996 : McLaren-Mercedes • 16 GP, 18 points, 7e
1997 : McLaren-Mercedes • 17 GP, 36 points, 3e
1998 : McLaren-Mercedes • 16 GP, 56 points, 3e
1999 : McLaren-Mercedes • 16 GP, 45 points, 4e
2000 : McLaren-Mercedes • 17 GP, 73 points, 3e
2001 : McLaren-Mercedes • 17 GP, 65 points, 2e
2002 : McLaren-Mercedes • 17 GP, 41 points, 5e

Equipiers en F1

1994 et 1995 : D. Hill
1996, 1997, 1998, 1999, 2000 et 2001 : M. Häkkinen
2002 : K. Räikkönen

Le verdict des qualifications 2002 :
Coulthard 7 / Räikkönen 10

50 QUESTIONS → DAVID COULTHARD

Première voiture conduite ?

C'était sur les genoux de mon père. Je devais avoir huit ans environ.

Véhicule personnel ?

Ma voiture préférée est une vieille Mercedes SEL cabriolet de 1971. Sinon, j'aime bien ma Mercedes SL 500.

Véhicule préféré ou de rêve ?

La McLaren F1 Road Car conçue par Gordon Murray.

Voiture de course dont vous gardez le meilleur souvenir ?

C'est difficile de faire un choix entre toutes mes F1 depuis 1994.

Quelle a été votre plus mauvaise voiture ?

La Vauxhall Lotus de 1990.

Meilleur souvenir en course ?

Ma prochaine victoire. Sinon, Macao en F3 en 1991 et ma première victoire en F1 en 1995 à Estoril.

Le plus mauvais souvenir en course ?

C'est toujours la dernière course que je n'ai pas remportée.

Vous rappelez vous le premier GP que vous avez vu à la télévision ?

Je ne me rappelle pas.

Le premier auquel vous avez assisté ?
C'était au Ricard en 1990 lors d'une course de Vauxhall Lotus.
Votre but en compétition ?
Devenir champion du monde. Avant, je rêvais de devenir pilote…
Votre circuit préféré ?
C'était Spa…
Le circuit que vous détestez ?
Je n'aime pas trop Budapest.
Que vous inspire la disparition de Spa au calendrier ?
Je le regrette. Spa était mon circuit préféré.
Votre pilote préféré dans l'histoire ?
Jackie Stewart et Alain Prost que j'ai côtoyé chez McLaren.
Votre pilote préféré en activité ?
Jacques Villeneuve.
Quel a été votre meilleur équipier ?
J'ai eu des bons rapports avec tous.
Si vous étiez directeur d'une écurie, quels pilotes choisiriez-vous ?
Schumacher et moi.
Qu'est ce qui vous passionne dans cette profession ?
La vitesse.
Qu'est ce qui ne vous plaît pas ?
Il y a aujourd'hui trop de politique. Je n'aime pas non plus le portail magnétique pour rentrer dans le paddock. L'an dernier, en Autriche, j'avais oublié mon pass à la maison et provoqué des discussions bien inutiles…

Quel est votre moment préféré d'un Grand Prix ?
Le départ d'un Grand Prix.
Montez-vous toujours du même côté dans votre voiture ?
Non, mais je suis un peu superstitieux. J'ai des chaussettes porte-bonheur.
Avez-vous songé à votre reconversion ?
Rester dans le monde de la course. Je deviendrais peut-être journaliste pour critiquer les autres…
Plat préféré ?
Les pâtes.
Plat détesté ?
Les plats à base de foie.
Boisson préférée ?
Le thé et l'eau minérale.
Aimez-vous l'alcool ?
La vodka.
Avez-vous déjà fumé ?
Oui, bien sûr, mais je n'aime pas.
Sports pratiqués ?
Le golf, la voile, le jogging, le vélo, la préparation physique et la natation.
Sports préférés ?
J'aime bien suivre les compétitions d'athlétisme.
Quel est votre sportif préféré ?
L'athlète Lindford Christie et Mike Doohan pour son courage à moto.
Quels sont vos hobbies ou vos centres d'intérêt en dehors du sport ?
Etre libre. J'adore l'eau et être sur mon bateau qui s'appelle Highlander. J'aime aussi beaucoup la musique et le cinéma.
Films préférés ?
Je regarde beaucoup de films en DVD dans mon motor-home.
Acteurs préférés ?
De Niro et Al Pacino.
Que regardez-vous à la télévision ?
Je ne regarde pas les programmes de télévision.
Quel type de musique aimez-vous ?
En ce moment, j'adore Morcheeba.
Lectures préférées ?
Les romans de Iain Banks et les biographies. Mais je n'ai pas beaucoup le temps de lire.
Couleur préférée ?
Le bleu.
Quel est l'endroit où vous préférez prendre des vacances ?
Aux Caraïbes sur un bateau, à la maison à Monaco ou en Ecosse.
Votre ville préférée pour faire du shopping ?
Londres, Milan, Paris et New York.
Que collectionnez-vous ?
Je ne suis pas vraiment collectionneur.
Avez-vous des animaux ?
J'avais un petit chien Terrier maltais qui s'appelait Moody.
En dehors du sport automobile, qui admirez-vous ?
J'ai beaucoup de respect pour mon père.
Si vous partiez dans une île déserte, qu'emporteriez-vous ?
J'aimerais être avec ma petite amie Simone.
Une journée idéale ?
Ne pas avoir à se lever tôt. Ensuite, faire un tour en bateau avec des amis, boire un verre, faire la sieste dans une crique dans le coin de St Tropez par exemple.
Quel a été le plus beau jour de votre vie ?
Il est à venir, j'espère…

Qu'est ce qui vous fait le plus rire dans la vie ?
Les histoires absurdes.
Si vous n'aviez pas été pilote, qu'auriez-vous fait ?
Mes parents ont une affaire de transport. J'aurais aussi aimé faire de la musique.
Dans la vie, qu'est ce qui est le plus important pour vous ?
La santé.
Quelles sont vos principales qualités ?
Il ne faut pas me le demander.
Avez-vous des défauts ?
J'en ai beaucoup…

MCLAREN MERCEDES

Venu de nulle part, son engagement par Peter Sauber en 2001 avait provoqué une levée de boucliers dans le microcosme de la F1. On ne donnait pas cher des chances de ce gamin sans expérience. Deux ans plus tard, une Mclaren revitaminée lui permet de tenir tête au maître Schumacher. Sa passe d'armes de Melbourne en ce début de saison est exceptionelle. L'an passé, il avait croisé plusieurs fois le fer avec Montoya, sortant la F1 de sa torpeur. Il semble être l'un des seuls à vouloir et pouvoir contester la suprématie de Schumacher et de sa Ferrari. Kimi Räikkönen ne craint personne et ne s'encombre pas d'états d'âmes ni de préjugés. Il est en F1 pour piloter et pas pour faire des relations publiques ni de la figuration.

Il rappelle étrangement les débuts de ce même Schumacher qui se permettait d'écorcher un Senna au sommet de son art. Cet homme étrange, froid comme de la glace a des nerfs d'acier. Le Finnois, très à l'aise dans le cocon McLaren est maintenant arrivé à maturité. Les succès ne vont pas tarder à venir. Avec Räikkönen, la Formule 1 tient certainement un de ses futurs champions.

Kimi Räikkönen

Date et lieu de naissance : 17 octobre 1979 à Espoo (Finlande)
Nationalité : Finlandaise
Lieu de résidence : Espoo (Finlande), Wollerau (Suisse) et Chigwell (Grande-Bretagne)
Situation familiale : Fiancé à Jenny
Taille : 1,75m
Poids : 63 kg

Internet : www.racecar.co.uk/kimi/

#6

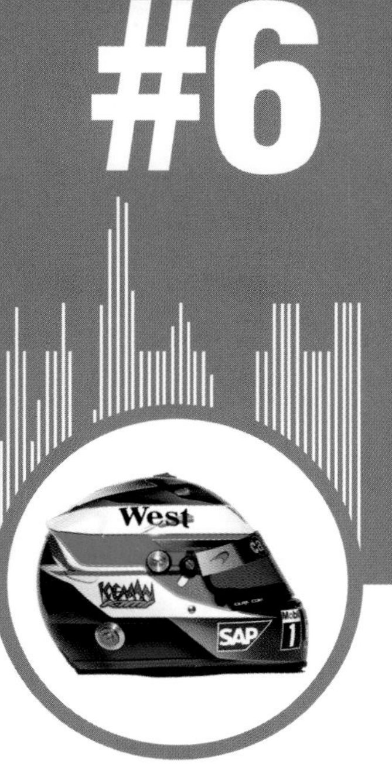

KIMI RAIKKONEN

Titres obtenus

- 1999 : Vainqueur de la série hivernale britannique de Formule Renault.
- 2000 : Champion de Grande-Bretagne de Formule Renault

En bref …

Débuts en compétition : 1990 (kart)
Débuts en GP : Australie 2001 (Sauber-Petronas)

- 34 Grands Prix disputés
- 33 points marqués
- Moyenne de points par GP : 0,97
- 4 podiums
- 0 victoire
- 1 fois 2^e^
- 3 fois 3^e^
- 4 fois 4^e^
- 1 fois 5^e^
- 1 fois 6^e^
- 0 pole-position
- 1 meilleur tour
- 89 kilomètres en tête
- 21 tours en tête

Palmarès en F1

Meilleur classement en F1 : 6e en 2002 (McLaren-Mercedes)
Meilleur résultat en F1 : 2e (France 2002)
Meilleure qualification en F1 : 2e (Belgique 2002)

2001 : Sauber-Petronas • 17 GP, 9 points, 10^e^
2002 : McLaren-Mercedes • 17 GP, 24 points, 6^e^

Equipiers en F1

2001 : N. Heidfeld
2002 : D. Coulthard

Le verdict des qualifications 2002 :
Räikkönen 10 / Coulthard 7

50 QUESTIONS À KIMI RÄIKKÖNEN

Première voiture conduite ?
Une Lada en Finlande.
Véhicule personnel ?
Une Mercedes CLK.
Véhicule préféré ou de rêve ?
Les Lamborghini et la Ferrari Modena.
Voiture de course dont vous gardez le meilleur souvenir ?
Conduire une McLaren était un rêve.
Quelle a été votre plus mauvaise voiture ?
La Formule Ford.
Meilleur souvenir en course ?
Mon premier podium en Australie 2002.
Le plus mauvais souvenir en course ?
Ne pas gagner le Grand Prix de France 2002 alors que j'étais en tête devant Michael Schumacher
Vous rappelez vous le premier GP que vous avez vu à la télévision ?
Je devais être très jeune…
Le premier auquel vous avez assisté ?
Je n'ai jamais vu de Grands Prix avant de débuter en 2001.
Votre but en compétition ?
Je voulais devenir pilote de F1. Maintenant je veux gagner des courses.
Votre circuit préféré ?
Donington et Spa.
Le circuit que vous détestez ?
J'aime tous les circuits. Chaque circuit est unique et mérite de rester dans le championnat.
Que vous inspire la disparition de Spa au calendrier ?
Je le regrette. C'était l'un de mes circuits préférés.
Votre pilote préféré dans l'histoire ?
Ayrton Senna.
Votre pilote préféré en activité ?
J'aimais bien discuter avec Mika Häkkinen.
Quel a été votre meilleur équipier ?
Aucun en particulier.
Si vous étiez directeur d'une écurie, quels pilotes choisiriez-vous ?
Je ne me suis jamais posé cette question.
Qu'est ce qui vous passionne dans cette profession ?
Se battre pour gagner.
Qu'est ce qui ne vous plaît pas ?
L'intérêt trop important des médias et des opérations promotionnelles qui entourent la F1. Mais je sais que tout cela, hélas, fait partie de mon travail.

Quel est l'endroit où vous préférez prendre des vacances ?
Les belles plages ensoleillées de Laponie où je peux faire de la planche. Mais j'aime bien être à la maison à Espoo car ces moments sont devenus trop rares.
Votre ville préférée pour faire du shopping ?
J'aime aller à Metzingen chez Hugo Boss.
Que collectionnez-vous ?
Tous les accessoires et gadgets de snowboard.
Avez-vous des animaux ?
Non, mais je les aime beaucoup. Je voyage trop.
En dehors du sport automobile, qui admirez-vous ?
J'ai beaucoup de respect pour mes parents.
Si vous partiez dans une île déserte, qu'emporteriez-vous ?
Beaucoup de nourriture, ma fiancée Jenny et un hélicoptère.
Une journée idéale ?
Etre avec Jenny.
Quel a été le plus beau jour de votre vie ?
Je suis sûr qu'il n'est pas encore venu.
Qu'est ce qui vous fait le plus rire dans la vie ?
Les blagues et les taquineries.
Si vous n'aviez pas été pilote, qu'auriez-vous fait ?
(rires…)
Dans la vie, qu'est ce qui est le plus important pour vous ?
Réaliser ses rêves.
Quelles sont vos principales qualités ?
Il faut poser la question à ma mère.
Avez-vous des défauts ?
Je suis trop sage.

Quel est votre moment préféré d'un Grand Prix ?
Etre à la limite dans la voiture.
Montez-vous toujours du même côté dans votre voiture ?
Non, je ne suis pas superstitieux.
Avez-vous songé à votre reconversion ?
Non. Je pourrais imaginer me faire dorer sur une plage et d'aller faire du snowboard…
Plat préféré ?
Les pâtes avec une sauce en champignons. J'aime aussi le poulet sous toutes ses formes et un plat typique finlandais à base de viande de renne.
Plat détesté ?
Rien en particulier.
Boisson préférée ?
Le jus d'ananas, le Coca, l'eau et le lait.
Aimez-vous l'alcool ?
Non.
Avez-vous déjà fumé ?
Non plus.
Sports pratiqués ?
Le snowboard, le hockey sur glace, le jogging, le vélo et la gymnastique.
Sports préférés ?
Les sports que je pratique et tous les sports mécaniques.
Quel est votre sportif préféré ?
Je ne vois personne.
Quels sont vos hobbies ou vos centres d'intérêt en dehors du sport ?
J'aime trop la course.
Films préférés ?
J'adore "Gone in 60 seconds". J'ai bien aimé aussi "Road Trip".
En général, je regarde des films d'action.
Acteurs préférés ?
Tom Cruise.
Que regardez-vous à la télévision ?
Tous les sports mécaniques.
Quel type de musique aimez-vous ?
U2, Darude et Bomfunk Mc, des groupes finlandais.
Lectures préférées ?
Les revues de sport automobile. Je ne lis jamais de livres car je n'aime pas lire.
Couleur préférée ?
Le bleu.

RENAULT

A quelques jours du début de la saison 2003, Patrick Faure le président de Renault Sport a modifié quelque peu l'organigramme de son écurie. Flavio Briatore devient le directeur général pour les unités d'Enstone et de Viry-Châtillon. Jean-Jacques His s'occupera de la recherche et du développement et il sera assisté par Bernard Dudot qui fait ainsi son retour à la F1.

L'objectif de Renault cette année est de conserver la quatrième place du championnat, mais désire faire son apparition sur les podiums qu'elle ne fréquente plus depuis longtemps.

L'écurie franco-anglaise, après une longue controverse a choisi l'option des deux heures d'essais libres du vendredi matin plutôt que le classique régime des essais privés. C'est un pari audacieux qui n'a pas été suivi par ses adversaires directs.

Renault considère cette année 2003 comme la dernière de mise au point avant de se lancer dans la conquête du titre.

L'équipe doit prendre de la hauteur à l'image de la Patrouille de France qui a baptisé la Renault R 23 lors de sa présentation sur le Circuit Paul Ricard au mois de janvier.

Une saine émulation anime les pilotes Jarno Trulli et Fernando Alonso. Ils se connaissent depuis le karting et sont bien disposés à faire briller les couleurs de la firme au losange. Dès le Grand Prix d'Australie, ils ont évité les embûches du règlement et de la météo pour rentrer tous les deux dans les points.

Châssis: Renault R23

Moteur: V10 Renault RS23 (110°)

Pneus: Michelin

Mild Seven Renault F1 Team

Adresses : **Renault F1 UK**
Whiteways Technical Centre, Endstone,
Oxon 0X74EE, Grande-Bretagne
Tel : +44(0)1608 67 80 00
Fax : +44(0)1608 67 88 09

Renault F1 France
1-15, avenue du Président Kennedy
91177 Viry-Châtillon, France
Tel : +33 (0)1.69.12.58.00
Fax : +33 (0)1.69.12.58.17

Internet : www.renaultf1.com

Président-Directeur général de Renault F1 : Patrick Faure
Directeur général Renault F1 Team : Flavio Briatore
Directeur technique Renault F1 UK : Mike Gascoyne
Directeur technique Renault F1 France : Jean-Jacques His
Nombre d'employés Renault F1 UK / France (Total) : 390 / 280 (670)

Ecurie fondée en 1973
Débuts en GP : Grande-Bretagne 1977
Nombre de GP disputés : 140

Première victoire : France 1979 (Jabouille)
Nombre de victoires : 15

Première pole-position : Afrique du Sud 1979 (Jabouille)
Nombre de pole-positions : 31

Premier meilleur tour : France 1979 (Arnoux)
Nombre de meilleurs tours : 18

Premiers points : Etats-Unis 1978 (Jabouille, 4e)
Nombre de points marqués : 335
Moyenne de points par course : 2,39

Premier podium : France 1979 (Jabouille, 1e et Arnoux 3e)
Nombre de podiums : 36

Meilleur classement au championnat du monde des constructeurs : 2e en 1983.
Meilleur classement au championnat du monde des pilotes : 2e en 1983 (A. Prost).

Pilote d'essais et de réserve : Allan McNish (Ecosse).
Pilote d'essais : Franck Montagny (France).

Les +

- Bons moyens financiers.
- Bon staff technique.
- Très bons pilotes.

La saison 2002 en bref...

- 4e au championnat des constructeurs.
- Meilleur résultat : 4e (Button > Malaisie, Brésil • Trulli > Monaco, Italie).
- Meilleure qualification : 6e (Trulli > Brésil, Hongrie • Button > Espagne).
- 23 points marqués (Button 14, Trulli 9).
- 16 Grands Prix terminés sur 34 disputés (Button 9, Trulli 7).
- 11 Grands Prix finis dans les points (Button 7, Trulli 4).

Les —

- Performance et fiabilité du moteur.
- Harmonie entre les deux usines de Enstone et de Viry.

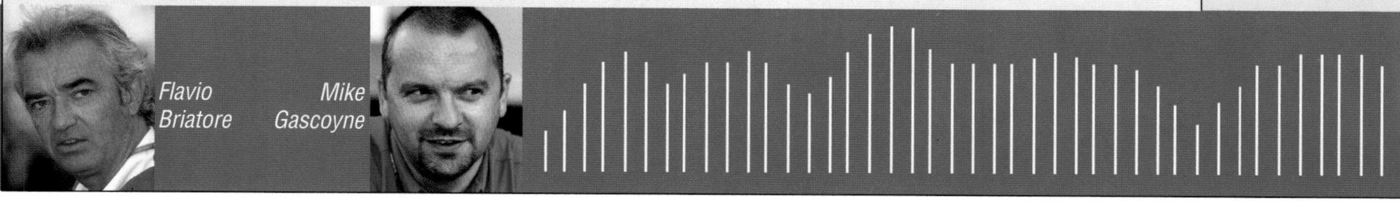

RENAULT

Les années passent et Jarno Trulli tarde à confirmer tout le bien que l'on pense de lui. L'an passé, chez Renault, il a été chahuté par son équipier Button qui se savait sur un siège éjectable. Protégé de Briatore, le pilote transalpin poursuit sa route dans l'équipe franco-anglaise avec à ses côtés Alonso un équipier brillant.

Jarno Trulli excelle dans l'art de la qualification mais peine à confirmer en course, trop souvent accablé par une sombre malchance.

En Australie, il s'est toujours montré aux avants-postes et il a terminé à une excellente cinquième place. S'il veut poursuivre sa carrière dans les hautes sphères de la F1, ce garçon toujours sympathique sait le chemin à suivre.

JARNO TRULLI

Jarno Trulli

Date et lieu de naissance : 13 juillet 1974 à Pescara (Italie)
Nationalité : Italienne
Lieu de résidence : Monte-Carlo et Pescara
Situation familiale : Célibataire
Taille : 1,73 m
Poids : 60 kg

Internet :www.jarnotrulli.com

#7

Titres obtenus

- 1988, 1989 et 1990 : Champion d'Italie de kart.
- 1991 : Champion du monde de kart (classe 100 FK).
- 1994 : Champion d'Europe et d'Amérique du Nord en kart classe 100 FSA, Champion du monde de kart en classe 125 FC et vainqueur de la Coupe du Monde Ayrton Senna en kart classe 100 FSA.
- 1995 : Champion d'Italie de kart en classe 100 FA et vainqueur de la Coupe du Monde Ayrton Senna en kart classe 100 FSA.
- 1996 : Champion d'Allemagne de F3.

En bref ...

Débuts en compétition : 1983 (mini-kart)
Débuts en GP : Australie 1997 (Minardi-Hart)

- 97 Grands Prix disputés
- 38 points marqués
- Moyenne de points par GP : 0,39
- 1 podium
- 0 victoire
- 1 fois 2e
- 6 fois 4e
- 4 fois 5e
- 6 fois 6e
- 0 pole-position
- 0 meilleur tour
- 165 Kilomètres en tête
- 38 Tours en tête

Palmarès en F1

Meilleur classement en F1 : 7e en 2001 (Jordan-Honda)
Meilleur résultat en F1 : 2e (Europe 1999)
Meilleure qualification en F1 : 2e (Belgique 2000)

1997 : Minardi-Hart et Prost-Mugen Honda • 14 GP (7+7) , 3 points, 15e
1998 : Prost-Peugeot • 16 GP, 1 point, 15e
1999 : Prost-Peugeot • 16 GP, 7 points, 11e
2000 : Jordan-Mugen Honda • 17 GP, 6 points, 10e
2001 : Jordan-Honda • 17 GP, 12 points, 7e
2002 : Renault • 17 GP, 9 points, 8e

Equipiers en F1

1997 : U. Katayama (Minardi-Hart) et S. Nakano (Prost-Mugen Honda)
1998 et 1999 : O. Panis
2000 : H.-H. Frentzen
2001 : H.-H. Frentzen et J. Alesi
2002 : J. Button

Le verdict des qualifications 2002 :
Trulli 12 / Button 5

50 QUESTIONS → JARNO TRULLI

Première voiture conduite ?
Une Renault Clio à 18 ans. Mais je conduisais des karts depuis bien longtemps.
Véhicule personnel ?
Une Renault Megane 16 V.
Véhicule préféré ou de rêve ?
Ma vieille Fiat 500 que j'ai à Pescara…
Voiture de course dont vous gardez le meilleur souvenir ?
La Dallara de F3 de 1996.
Quelle a été votre plus mauvaise voiture ?
La Prost AP 02 de 1998.
Meilleur souvenir en course ?
Mes succès en kart et en championnat d'Allemagne de F3 en 1996.
En F1, c'est mon podium du Nürburgring.
Le plus mauvais souvenir en course ?
Entre autres, ne pas avoir gagné les courses de Monaco et de Macao F3 en 1996.
Vous rappelez vous le premier GP que vous avez vu à la télévision ?
Je devais avoir quatre ans.
Le premier auquel vous avez assisté ?
Je n'en ai jamais vu avant 1997, ou peut-être un à Monza.
Votre but en compétition ?
Arriver au sommet.
Votre circuit préféré ?
Hockenheim est mon circuit fétiche.
Le circuit que vous détestez ?
Monaco est trop petit pour la F1. Je n'aimais pas non plus Buenos Aires.
Que vous inspire la disparition de Spa au calendrier ?
C'est dommage.
Votre pilote préféré dans l'histoire ?
Niki Lauda et Alain Prost.
Votre pilote préféré en activité ?
Je n'en ai pas vraiment. Olivier Panis est un bon copain.
Quel a été votre meilleur équipier ?
Tous, avec une préférence pour Panis.
Si vous étiez directeur d'une écurie, quels pilotes choisiriez-vous ?
Les meilleurs…
Qu'est ce qui vous passionne dans cette profession ?
Le pilotage et le fait que l'équipe soit comme une seconde famille.

Qu'est ce qui ne vous plaît pas ?
Beaucoup de choses. Il y a trop de choses à faire en dehors de la voiture.
Quel est votre moment préféré d'un Grand Prix ?
Tout me plaît.
Montez-vous toujours du même côté dans votre voiture ?
Non, car je ne suis pas superstitieux.
Avez-vous songé à votre reconversion ?
Non.
Plat préféré ?
Une bonne pizza.
Plat détesté ?
Le foie.
Boisson préférée ?
Le Coca-Cola.
Aimez-vous l'alcool ?
Le vin rouge occasionnellement.
Avez-vous déjà fumé ?
Non.
Sports pratiqués ?
Le kart, le vélo de route, le jogging, le canoë de mer et la gymnastique.
J'aimerais pouvoir m'entraîner plus pour être meilleur au Marathon de New York.
Sports préférés ?
Le ski alpin, les Grands prix moto et les courses de kart.
Quel est votre sportif préféré ?
Le cycliste Marco Pantani est un ami. J'ai aussi de bons amis dans la moto comme Biaggi, Melandri, Capirossi et Laconi.
Quels sont vos hobbies ou vos centres d'intérêt en dehors du sport ?
J'ai toujours un ordinateur portable avec moi. C'est un excellent moyen d'évasion.
Films préférés ?
J'aime bien les films, mais j'oublie rapidement les noms.
Acteurs préférés ?
Le cinéma est pour moi une distraction. Je ne suis pas vraiment un cinéphile.

Que regardez-vous à la télévision ?
Je regarde un peu les informations pour savoir ce qui se passe en Italie.
Quel type de musique aimez-vous ?
J'aime tout, la pop, le rock, le jazz et le blues.
Lectures préférées ?
Je lis un peu les journaux pour me tenir au courant. Mais je n'aime pas lire.
Couleur préférée ?
Le rouge.
Quel est l'endroit où vous préférez prendre des vacances ?
Je ne pars jamais en vacances. Je préfère rester chez moi à Pescara.
Votre ville préférée pour faire du shopping ?
J'aime acheter des montres et des chaussures. Mais je n'ai pas d'endroits favoris pour cela.
Que collectionnez-vous ?
Les montres, les chaussures et les modèles réduits de voitures. Mais je ne suis pas un vrai collectionneur.
Avez-vous des animaux ?
A Pescara, ma famille a quatre chiens et deux chats.
En dehors du sport automobile, qui admirez-vous ?
Ma famille.
Si vous partiez dans une île déserte, qu'emporteriez-vous ?
Un kart, une combinaison et un casque.

Une journée idéale ?
Par exemple, quand je suis à Monaco, je pars faire du vélo, de la moto, du canoë ou bien de l'escalade au-dessus de La Turbie. Je passe aussi du temps avec mon ordinateur, j'envoie des e-mails, je me balade sur Internet et je vais voir mes amis.
Quel a été le plus beau jour de votre vie ?
Il n'est pas encore arrivé…
Qu'est ce qui vous fait le plus rire dans la vie ?
Les bons films et les bonnes blagues.
Si vous n'aviez pas été pilote, qu'auriez-vous fait ?
Je fais du kart depuis l'âge de huit ans.
Dans la vie, qu'est ce qui est le plus important pour vous ?
Etre bien dans sa peau et la famille qui est tout pour moi.
Quelles sont vos principales qualités ?
Je ne sais pas.
Avez-vous des défauts ?
Je suis trop perfectionniste et je suis toujours insatisfait.

RENAULT

En 2001, après d'excellents débuts chez Minardi, Fernando Alonso accepte avec sagesse la proposition de son protecteur Flavio Briatore. Il devient pilote d'essais Renault avec la garantie d'être titularisé par la suite. Fidèle à son engagement, Button a été remercié pour permettre au jeune pilote espagnol de poursuivre sa carrière. Il bénéficie d'un excellent bagage technique et connaît bien les rouages de l'écurie.

Son talent est incontestable et le plus grand avenir lui semble promis.

Flavio Briatore ne tarit pas d'éloges sur son poulain. Il voit en lui un nouveau Schumacher, un autre phénomène.

Fernando Alonso malgré son jeune âge semble déjà avoir une grande maturité. La confrontation avec Jarno Trulli va s'avérer passionnante a bien des égards.

Fernando Alonso

Date et lieu de naissance : 29 juillet 1981 à Oviedo (Espagne)
Nationalité : Espagnole
Lieu de résidence : Oviedo (Espagne) et Oxford (Grande-Bretagne)
Situation familiale : célibataire
Taille : 1,71 m
Poids : 68 kg

Internet : www.fernandoalonso.com

#8

FERNANDO ALONSO

Titres obtenus

- 1994, 1996 et 1997 : Champion d'Espagne de kart (série A).
- 1996 : Champion du monde de kart.
- 1999 : Champion de l'Euro Open Formule Nissan.

En bref ...

Débuts en compétition : 1988 (kart)
Débuts en GP : Australie 2001 (Minardi-European)

- 17 Grands Prix disputés
- 0 point marqué
- 0 podium
- 0 victoire
- 0 pole-position
- 0 meilleur tour
- 0 kilomètre en tête
- 0 tour en tête

Palmarés en F1

Meilleur classement au championnat du monde de F1 : 23e en 2001 (Minardi-European)
Meilleur résultat en F1 : 10e (Allemagne 2001)
Meilleure qualification en F1 : 17e (Etats-Unis 2001)

2001 : Minardi-European • 17 GP, 0 point, 23e

Equipiers en F1

2001 : T. Marques et A. Yoong

50 QUESTIONS → FERNANDO ALONSO

Première voiture conduite ?
Une Nissan à 17 ans. Mon père n'a jamais voulu que je conduise sans permis de conduire…
Véhicule personnel ?
Une Renault Mégane 16 V.
Véhicule préféré ou de rêve ?
Les Renault…
Voiture de course dont vous gardez le meilleur souvenir ?
La Benetton, la Minardi et bien sûr les Renault F1

Quelle a été votre plus mauvaise voiture ?
La Lola de F3000.
Meilleur souvenir en course ?
Ma victoire dans le championnat du monde de kart en 1996 et ma victoire de Spa en F3000 en 2000.
Le plus mauvais souvenir en course ?
En kart, en 1995,lors d'un championnat d'Europe. J'étais en tête lorsque le câble d'accélérateur a cassé…

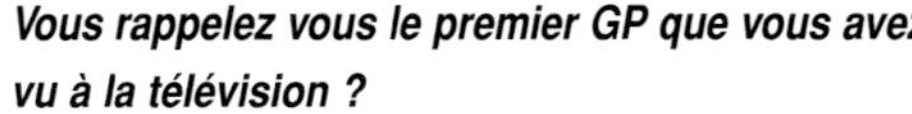

Vous rappelez vous le premier GP que vous avez vu à la télévision ?
Je devais avoir 13 ans environ.
Le premier auquel vous avez assisté ?
Je n'ai jamais assisté à un Grand Prix avant d'y arriver. Même en F 3000, je ne restais pas le dimanche.
Votre but en compétition ?
Devenir champion du monde.
Votre circuit préféré ?
Valencia.
Le circuit que vous détestez ?
Je n'aime pas trop Monaco.
Que vous inspire la disparition de Spa au calendrier ?
Je suis frustré car j'aimais bien ce circuit.
Votre pilote préféré dans l'histoire ?
Ayrton Senna.
Votre pilote préféré en activité ?
J'aime le panache de Jacques Villeneuve.
Quel a été votre meilleur équipier ?
Tarso Marques et je connais Jarno Trulli depuis le kart…

Si vous étiez directeur d'une écurie, quels pilotes choisiriez-vous ?
Des pilotes jeunes, agressifs. En fait je prendrais des pilotes latins.
Qu'est ce qui vous passionne dans cette profession ?
Le pilotage est un plaisir.
Qu'est ce qui ne vous plait pas ?
Il y a trop d'argent et je n'aime pas les interviews. Je suis timide…
Quel est votre moment préféré d'un Grand Prix ?
Les qualifs.
Montez-vous toujours du même côté dans votre voiture ?
Toujours. En fait cela dépend où travaillent les mécaniciens. Je suis superstitieux. J'enfile toujours la chaussure et le gant gauches avant les droits.
Avez-vous songé à votre reconversion ?
J'aimerais rester dans le milieu de la course.
Plat préféré ?
Les pâtes.
Plat détesté ?
Beaucoup de choses, comme le riz, le poisson, la paella.
Boisson préférée ?
L'eau minérale.
Aimez-vous l'alcool ?
Je n'en bois jamais.
Avez-vous déjà fumé ?
Jamais.
Sports pratiqués ?
Le cyclisme, le tennis et la natation.
Sports préférés ?
Le cyclisme et le tennis.
Quel est votre sportif préféré ?
Le joueur de tennis Carlos Moya, Lance Armstrong et Zinedine Zidane et le Real Madrid.
Quels sont vos hobbies ou vos centres d'intérêt en dehors du sport ?
J'aime regarder les sports à la télé, les bons films et j'aime bien les ordinateurs et les petites caméras digitales.
Films préférés ?
J'ai bien aimé " Le bateau fantôme " et " L'exorciste " dont je ne me lasse pas.
Acteurs préférés ?
Il y en a beaucoup. J'aime bien Jim Carrey qui me fait rire.
Que regardez-vous à la télévision ?
Les films comiques, les sports et certaines comédies.
Quel type de musique aimez-vous ?
Les groupes espagnols.
Lectures préférées ?
Je lis peu. J'aime les revues spécialisées. Le dernier livre que j'ai lu était une horreur…
Couleur préférée ?
Le noir.
Quel est l'endroit où vous préférez prendre des vacances ?
Etre chez moi à Oviedo. J'aime bien aussi les Canaries.
Votre ville préférée pour faire du shopping ?
Le Japon et Singapour.
Que collectionnez-vous ?
Je ne collectionne rien. Ah ! Si. Les points en F1…
Avez-vous des animaux ?
J'ai un cocker à Oviedo qui s'appelle Iame, le nom de mon premier kart.

En dehors du sport automobile, qui admirez-vous ?
J'ai beaucoup de respect pour le Roi d'Espagne Juan Carlos.
Si vous partiez dans une île déserte, qu'emporteriez-vous ?
Une belle fille et une F1…
Une journée idéale ?
Je suis un solitaire. J'aime me reposer, réfléchir.
Quel a été le plus beau jour de votre vie ?
Les fêtes de Noël en famille et mes grands parents.
Qu'est ce qui vous fait le plus rire dans la vie ?
J'aime bien les bonnes histoires drôles par exemple.
Si vous n'aviez pas été pilote, qu'auriez-vous fait ?
A 3 ans, j'étais déjà assis dans un kart… Sinon, j'aurais fais du vélo ou du foot.
Dans la vie, qu'est ce qui est le plus important pour vous ?
La santé.
Quelles sont vos principales qualités ?
L'honnêteté.
Avez-vous des défauts ?
Je suis trop impulsif. Je veux toujours tout immédiatement.

SAUBER PETRONAS

Sans l'appui d'aucun constructeur, l'équipe Sauber poursuit sa formidable aventure. Et elle tient son rang. En 2001, elle a réussi à terminer à une remarquable quatrième place. Devancée l'an passé par Renault, elle entend bien cette année reprendre son bien.

L'écurie menée habilement par Peter Sauber a de solides arguments à faire valoir. Elle conserve l'utilisation du moteur Ferrari, rebaptisé Petronas dans sa version 2002, championne du monde. C'est un sacré gage de fiabilité. Le retour au bercail de Frentzen, homme d'expérience sera un atout supplémentaire aux côtés du brillant Heidfeld. Enfin, un bon budget conforté par l'arrivée de nouveaux partenaires permettra d'avoir les moyens de ses ambitions. En fin de saison, l'écurie pourra aussi compter sur sa propre soufflerie d'un type unique au monde.

Véritable indépendant dans la jungle des constructeurs, la performance des Sauber est exceptionnelle. A Melbourne, Frentzen, pour fêter son retour n'a pas rater l'occasion de marquer trois points. On entend souvent dire que l'équipe suisse n'a pas d'identité. Elle exige néanmoins un indiscutable respect.

Châssis: Sauber C22

Moteur: V10 Petronas 03A (90°) (ex-Ferrari 051)

Pneus: Bridgestone

Sauber Petronas

Adresse : Sauber Motorsport AG
Wildbachstrasse 9
CH-8340 Hinwil
Suisse

Tel : +41 (0)1-937.90.00
Fax : +41 (0)1-937.90.01

Internet : www.sauber.ch

Directeur général : Peter Sauber
Directeur technique : Willy Rampf
Nombre d'employés : 270

Ecurie fondée en 1970
Débuts en GP : Afrique du Sud 1993
Nombre de GP disputés : 163

Nombre de victoires : 0
Meilleur résultat en GP : 3e (5 fois)

Nombre de pole-positions : 0
Meilleur résultat en qualification : 2e (2 fois)

Nombre de meilleurs tours : 0

Premiers points : Afrique du Sud 1993 (Lehto, 5e)
Nombre de points marqués : 122
Moyenne de points par course : 0,74

Premier podium : Italie 1995 (Frentzen, 3e)
Nombre de podiums : 5

Meilleure position au championnat du monde des constructeurs : 4e en 2001.
Meilleure position au championnat du monde des pilotes : 8e en 2001 (Nick Heidfeld).

Pilote d'essais : Aucun

La saison 2002 en bref ...

- 5e au championnat des constructeurs.
- Meilleur résultat : 4e (Heidfeld > Espagne).
- Meilleure qualification : 5e (Heidfeld > Autriche).
- 11 points marqués (Heidfeld 7, Massa 4).
- 23 Grands Prix terminés sur 34 disputés (Heidfeld 14, Massa 8, Frentzen 1).
- 7 Grands Prix finis dans les points (Heidfeld 4, Massa 3).
- 3 pilotes alignés (Heidfeld, Massa, Frentzen).

Les +

- Moteur Ferrari.
- Stabilité de l'équipe.
- Bon budget.
- Bons pilotes.

Les —

- Pas d'appui de constructeur.
- Isolement en Suisse.

Peter Sauber

Willy Rampf

SAUBER PETRONAS

Sous contrat Mercedes depuis fort longtemps, Nick Heidfeld a eu bien du mal à digérer l'engagement de son équipier Räikkönen par McLaren.

L'an passé, sa Sauber ne lui permet pas de renouveler les performances de 2001 où il avait même goûté aux joies du podium. Pressenti un moment chez Toyota, il poursuit sa carrière dans l'équipe suisse.

Dans le paddock, il ne fait pas de bruit. D'un naturel assez effacé, toujours accompagné de sa compagne Patricia, le pilote allemand est pourtant animé d'une froide détermination.

La présence de son compatriote Heinz-Harald Frentzen va le contraindre à la plus grande des vigilances. Nick Heidfeld doit donner un second souffle à sa carrière. S'il veut poursuivre son ascension, après avoir pris le dessus sur Felipe Massa qui était un sérieux client, il doit aujourd'hui dominer son nouvel équipier qui est un vieux briscard…

Nick Heidfeld

Date et lieu de naissance : 10 mai 1977 à Mönchengladbach (Allemagne)
Nationalité : Allemande
Lieu de résidence : Monte-Carlo
Situation familiale : Fiancé à Patricia
Taille : 1,65 m
Poids : 69 kg

Internet : www.nick-heidfeld.com

#9

NICK HEIDFELD

Titres obtenus

- 1994 : Champion d'Allemagne de Formule Ford 1600.
- 1995 : Champion d'Allemagne de Formule Ford 1800.
- 1996 : Vainqueur du Grand Prix de Macao F3.
- 1997 : Champion d'Allemagne F3.
- 1999 : Champion International de F3000.

En bref ...

Débuts en compétition : 1986 (kart)
Débuts en GP : Australie 2000 (Prost-Peugeot)

- 50 Grands Prix disputés
- 19 points
- Moyenne de points par GP : 0,38
- 1 podium
- 0 victoire
- 1 fois 3e
- 2 fois 4e
- 1 fois 5e
- 7 fois 6e
- 0 pole-position
- 0 meilleur tour
- 0 Kilomètre en tête
- 0 Tour en tête

Palmarès en F1

Meilleur classement en F1 : 8e en 2001 (Sauber-Petronas)
Meilleur résultat en F1 : 3e (Brésil 2001)
Meilleure qualification en F1 : 5e (Autriche 2002)

2000 : Prost-Peugeot • 16 GP, 0 point, non-classé
2001 : Sauber-Petronas • 17 GP, 12 points, 8e
2002 : Sauber-Petronas • 17 GP, 7 points, 10e

Equipiers en F1

2000 : J. Alesi
2001 : K. Raïkkönen
2002 : F. Massa

Le verdict des qualifications 2002 :
Heidfeld 11 / Massa 5
Heidfeld 1 / Frentzen 0

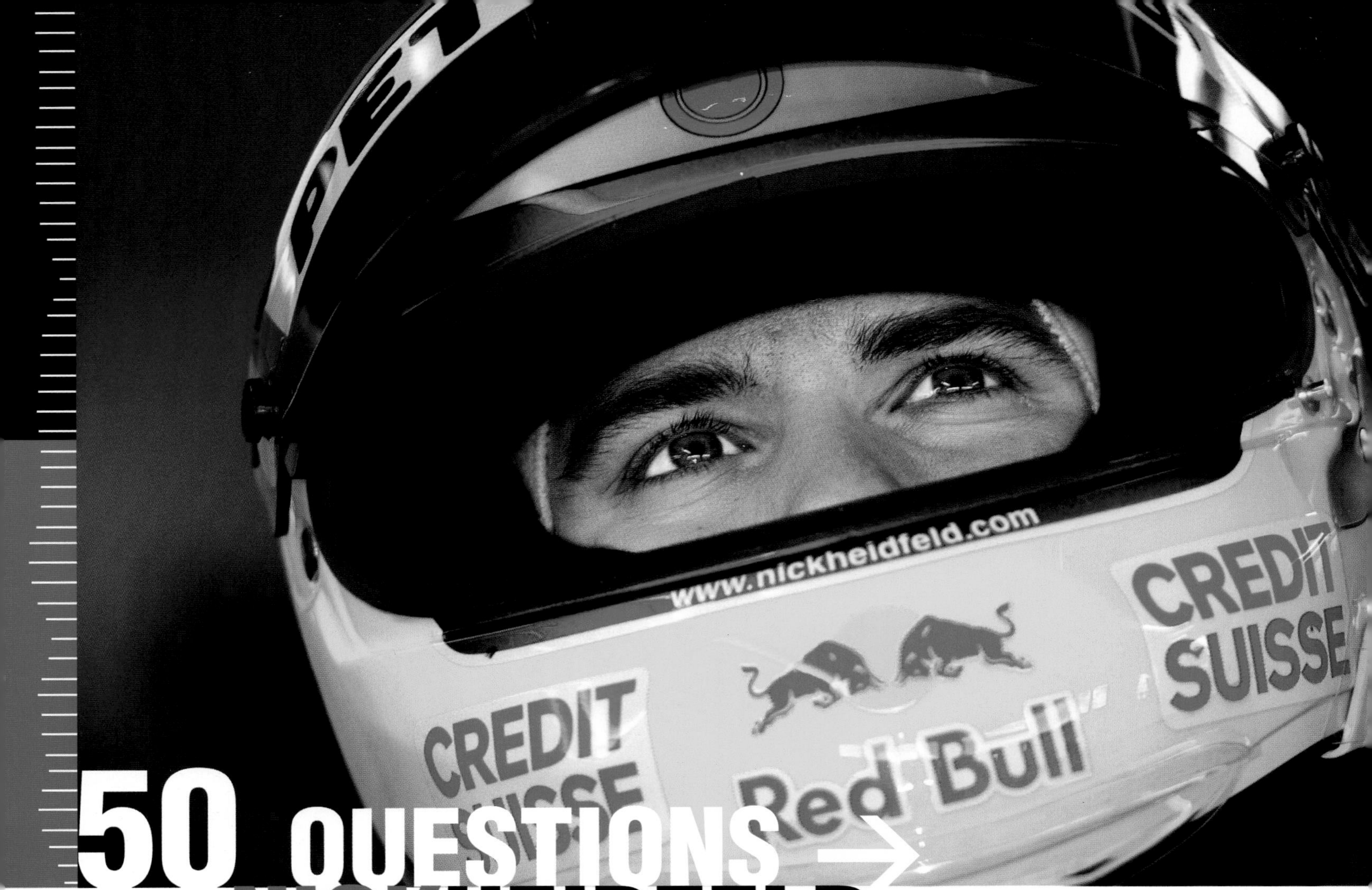

50 QUESTIONS → NICK HEIDFELD

Première voiture conduite ?
Je devais avoir dix ans. C'était sur un parking du Nürburgring et j'étais sur les genoux de mon père. Par contre, je ne me souviens pas du type de la voiture.
Véhicule personnel ?
Subaru Impreza WRX.
Véhicule préféré ou de rêve ?
J'en admire beaucoup, mais je n'en rêve pas.
Voiture de course dont vous gardez le meilleur souvenir ?
La Sauber de 2001, la Dallara de F3 en 1997 et ma Lola de F3000 d'Imola en 1999.
Quelle a été votre plus mauvaise voiture ?
La Prost AP 03 de 2001.
Meilleur souvenir en course ?
Ma troisième place au Brésil avec Sauber en 2001, mon titre en F 3000 en 1999 et les courses à Monaco où j'ai gagné en F3 puis en F3000.
Le plus mauvais souvenir en course ?
Le Formula Ford Festival en 1994, Monaco 1999 et le Nürburgring 2000.
Vous rappelez vous le premier GP que vous avez vu à la télévision ?
Je me souviens de Niki Lauda conduisant, mais je serais incapable de dire une année.
Le premier auquel vous avez assisté ?
Monaco 1988.
Votre but en compétition ?
Etre heureux en faisant ce qui me plaît. Un jour, ce sera peut-être autre chose.
Votre circuit préféré ?
Les circuits en ville comme Monaco et Macao et le Nürburgring.
Le circuit que vous détestez ?
Je n'aime pas Spa et les circuits dessinés sur des aéroports.
Que vous inspire la disparition de Spa au calendrier ?
Ce n'est pas mon préféré. C'est un vieux circuit qui a du caractère mais j'aimerais que les virages de l'Eau Rouge et de Blanchimont soient plus sûrs.
Votre pilote préféré dans l'histoire ?
Ayrton Senna et Alain Prost.
Votre pilote préféré en activité ?
Aucun en particulier.
Quel a été votre meilleur équipier ?
C'est personnel. Je ne veux pas en dire plus.

Si vous étiez directeur d'une écurie, quels pilotes choisiriez-vous ?
Je ne serais jamais directeur d'écurie. C'est une autre profession.
Qu'est ce qui vous passionne dans cette profession ?
En premier lieu le pilotage.
Qu'est ce qui ne vous plaît pas ?
Faire parfois des choses qui n'ont rien à voir avec la F1.
Quel est votre moment préféré d'un Grand Prix ?
J'aime tout. Avec une bonne voiture, c'est aussi très agréable de travailler avec les ingénieurs.
Montez-vous toujours du même côté dans votre voiture ?
Je monte du côté gauche, mais en fait, cela n'a aucune importance.
Avez-vous songé à votre reconversion ?
Non, pas encore.
Plat préféré ?
Les pâtes et les buffets d'entrée raffinés.
Plat détesté ?
J'aime à peu près tout, sauf le caviar et les huîtres.
Boisson préférée ?
Le jus d'orange avec de l'eau gazeuse.
Aimez-vous l'alcool ?
Certains cocktails, la caipirinha et la vodka RedBull.
Avez-vous déjà fumé ?
Oui, occasionnellement.
Sports pratiqués ?
J'adore le tennis, le golf, le beach-volley, le baseball, le basket, la gym, le vélo de route et le surf.
Sports préférés ?
Tous les sports me plaisent.
Quel est votre sportif préféré ?
Le basketteur Michael Jordan.
Quels sont vos hobbies ou vos centres d'intérêt en dehors du sport ?
J'ai besoin de faire du sport. Je faisais aussi de la moto, mais c'est trop dangereux. J'aime aussi la musique et le cinéma.
Films préférés ?
J'ai vu récemment "American Beauty". J'aime bien la série allemande "Nackt".
Acteurs préférés ?
Cameron Diaz.
Que regardez-vous à la télévision ?
Surtout les sports mécaniques, les grands matches de football et les grandes rencontres de boxe.
Quel type de musique aimez-vous ?
Les bons hits et j'aime tout en règle générale sauf le folk allemand.
Lectures préférées ?
La presse spécialisée automobile. Je ne lis pas beaucoup de livres. Le dernier que j'ai lu était une biographie de Senna.
Couleur préférée ?
Le bleu.
Quel est l'endroit où vous préférez prendre des vacances ?
J'aime beaucoup l'Australie. C'est malheureusement un peu loin…
Votre ville préférée pour faire du shopping ?
Sydney, mais ce n'est pas la porte à côté…
Que collectionnez-vous ?
Je collectionne certains modèles de montres Swatch.
Avez-vous des animaux ?
J'adore les animaux. Mais je n'en ai pas car je ne suis jamais chez moi. J'ai une préférence pour les oiseaux, les guépards et les dauphins. Patricia a deux chevaux.
En dehors du sport automobile, qui admirez-vous ?
Je ne vois personne en particulier.
Si vous partiez dans une île déserte, qu'emporteriez-vous ?
Ma fiancée Patricia, des milliers de boîtes de Coca Cola et un génie capable de nous sortir de ce mauvais pas.
Une journée idéale ?
J'aimerais être dans une île ensoleillée avec Patricia et mes amis. Je serais relax, je ferais un peu de sport,

du surf, puis un peu de beach volley. Le soir, on ferait un bon barbecue et je boirais deux-trois bières.
Quel a été le plus beau jour de votre vie ?
Quand j'ai rencontré Patricia.
Qu'est ce qui vous fait le plus rire dans la vie ?
Beaucoup de choses. Par exemple une série télévisée allemande satirique.
Si vous n'aviez pas été pilote, qu'auriez-vous fait ?
J'aurais certainement fait un autre sport. J'aime l'esprit de compétition.
Dans la vie, qu'est ce qui est le plus important pour vous ?
Etre heureux.
Quelles sont vos principales qualités ?
Je suis réaliste et je pense bien analyser les choses; j'essaye aussi de respecter les autres.
Avez-vous des défauts ?
Comme tout le monde, j'en ai beaucoup.

SAUBER PETRONAS

Le pilote allemand appartient à la promotion de Michael Schumacher. Ils ont frotté leurs roues dans le championnat d'Allemagne de Formule 3 à la fin des années 80. Malheureusement, le palmarès de Frentzen n'a aps l'étoffe de celui de son glorieux compatriote. Après des heures de gloire chez Williams puis chez Jordan, il a souffert chez Prost puis chez Arrows.

Dans ces écuries aux abois, malgré son incontestable talent, HHF a vécu des heures difficiles.

Il retourne cette année chez Sauber qui lui avait donné sa chance à ses débuts. Peter Sauber le considère un peu comme son fils spirituel. Il n'a pas hésité à se séparer de Felipe Massa, pourtant prometteur pour lui permettre de poursuivre sa carrière engagée dans une impasse.

Le pilote allemand marche souvent au moral. Dans le giron de l'équipe helvétique, à 36 ans, en pleine confiance, il peut être un sérieux client. Courtisé aussi par Toyota, il a respecté son accord donné quelque semaines plus tôt. Cet homme de parole est l'un des pilotes les plus expérimentés du plateau.

Heinz-Harald Frentzen

Date et lieu de naissance : 18 mai 1967 à Mönchengladbach (Allemagne)
Nationalité : Allemande
Lieu de résidence : Monte-Carlo
Situation familiale : Marié à Tanja, une fille Lea
Taille : 1,78 m
Poids : 64,5 kg

Internet : www.frentzen.de

#10

HEINZ-HARALD FRENTZEN

Titres obtenus

- 1988 : Champion d'Allemagne de Formule Opel Lotus.

En bref...

Débuts en compétition : 1980 (kart)
Débuts en GP : Brésil 1994 (Sauber-Mercedes)

- 141 Grands Prix disputés
- 161 points marqués
- Moyenne de points par GP : 1,14
- 17 podiums
- 3 victoires
- 3 fois 2e
- 11 fois 3e
- 12 fois 4e
- 9 fois 5e
- 15 fois 6e
- 2 pole-positions
- 6 meilleurs tours
- 746 kilomètres en tête
- 149 tours en tête

Palmarès en F1

Meilleur classement en F1 : 2e en 1997 (Williams-Renault)
Meilleur résultat en F1 : 1er (3 fois)
Meilleure qualification en F1 : 1er (2 fois)

1994 : Sauber-Mercedes • 15 GP, 7 points, 13e
1995 : Sauber-Ford • 17 GP, 15 points, 9e
1996 : Sauber-Ford • 16 GP, 7 points, 12e
1997 : Williams-Renault • 17 GP, 42 points, 2e
1998 : Williams-Mecachrome • 16 GP, 17 points, 7e
1999 : Jordan-Mugen Honda • 16 GP, 54 points, 3e
2000 : Jordan-Mugen Honda • 17 GP, 11 points, 9e
2001 : Jordan-Honda et Prost-Acer • 15 GP (10+5), 6 points, 12e
2002 : Arrows-Cosworth et Sauber-Petronas • 12 GP (11+1), 2 points, 18e

Equipiers en F1

1994 : K. Wendlinger, A. De Cesaris et J.-J. Lehto
1995 : K. Wendlinger et J.-C. Boullion
1996 : J. Herbert
1997 et 1998 : J. Villeneuve
1999 : D. Hill
2000 : J. Trulli
2001 : J. Trulli (Jordan-Honda), L. Burti et T. Enge (Prost-Acer)
2002 : E. Bernoldi (Arrows-Cosworth), N. Heidfeld (Sauber-Petronas)

Le verdict des qualifications 2002 :
Frentzen 10 / Bernoldi 1
Frentzen 0 / Heidfeld 1

50 QUESTIONS → HEINZ-HARALD FRENTZEN

Première voiture conduite ?
Mon père avait une entreprise de pompes funèbres. J'ai conduit l'une de ses voitures à l'âge de huit ans.
Véhicule personnel ?
Subaru Impreza WRX.
Véhicule préféré ou de rêve ?
Pourquoi pas la Sauber de cette année ?...
Voiture de course dont vous gardez le meilleur souvenir ?
La Jordan de 1999 à l'âge d'or de cette équipe.
Quelle a été votre plus mauvaise voiture ?
La Jordan EJ 10.
Meilleur souvenir en course ?
L'heure qui a suivi la naissance de ma fille. Sur un plan professionnel, ma première victoire à Imola en 1997.
Le plus mauvais souvenir en course ?
Mon accident de Montréal en 1999 et cette bizarre affaire Jordan en 2001.
Vous rappelez vous le premier GP que vous avez vu à la télévision ?
Je ne me souviens pas exactement.
Le premier auquel vous avez assisté ?
Le Nürburgring en 1985.
Votre but en compétition ?
Gagner en F1.
Votre circuit préféré ?
Je ne connais pas de circuits parfaits.
Le circuit que vous détestez ?
Je dirais Imola et Barcelone.
Que vous inspire la disparition de Spa au calendrier ?
Je suis triste. C'était l'une de mes pistes préférées.
Votre pilote préféré dans l'histoire ?
Senna, Prost et Mansell.
Votre pilote préféré en activité ?
Aucun en particulier.
Quel a été votre meilleur équipier ?
Je dirais Nick Heidfeld.
Si vous étiez directeur d'une écurie, quels pilotes choisiriez-vous ?
Des pilotes rapides et ...pas chers.
Qu'est ce qui vous passionne dans cette profession ?
J'ai toujours rêvé d'avoir un moteur dans le dos.
Qu'est ce qui ne vous plaît pas ?
Les questions difficiles et parfois stupides des journalistes.
Quel est votre moment préféré d'un Grand Prix ?
Les qualifications.

Montez-vous toujours du même côté dans votre voiture ?
Non, je n'y fais pas attention. Je ne suis pas superstitieux.
Avez-vous songé à votre reconversion ?
Non.
Plat préféré ?
La paëlla que prépare ma mère, le poisson et les pâtes.
Plat détesté ?
Il n'y a rien que je déteste vraiment. Je n'apprécie pas trop le foie.
Boisson préférée ?
Le jus de pomme et l'eau minérale.
Aimez-vous l'alcool ?
Non.
Avez-vous déjà fumé ?
Oui, mais j'ai arrêté.
Sports pratiqués ?
Le jogging, le VTT que j'aime bien pratiquer dans les montagnes espagnoles, le ski nautique, le jet-ski et la préparation physique.
Sports préférés ?
Le football, les compétitions de VTT et les sports nautiques.
Quel est votre sportif préféré ?
J'ai beaucoup de respect pour tous les sportifs qui vont au fond d'eux-mêmes pour réussir, animés par la passion.
Quels sont vos hobbies ou vos centres d'intérêt en dehors du sport ?
Je suis passionné par l'aviation sous toutes ses formes. J'adore par exemple les avions radio-commandés, la mécanique et l'ingénierie.
Films préférés ?
Le dernier film que j'ai vu était "Men in Black 2". J'ai bien aimé "Matrix" qui est intéressant.
Acteurs préférés ?
Je n'en ai pas.

Que regardez-vous à la télévision ?
Je regarde surtout les sports.
Quel type de musique aimez-vous ?
En général toutes les musiques qui ont un bon rythme. En particulier, j'aime bien U2, la musique celtique, les Stones, Abba, Simple Minds, Phil Collins…
Lectures préférées ?
J'aime bien lire la presse quotidienne allemande. J'ai lu dernièrement "L'orage parfait".
Couleur préférée ?
Le bleu.
Quel est l'endroit où vous préférez prendre des vacances ?
Chez moi à Monaco et en Espagne.
Votre ville préférée pour faire du shopping ?
J'aime bien le duty-free dans les avions.

Que collectionnez-vous ?
Je ne suis pas collectionneur.
Avez-vous des animaux ?
J'aime bien les animaux, mais je voyage trop pour en avoir.
En dehors du sport automobile, qui admirez-vous ?
Ma petite famille.
Si vous partiez dans une île déserte, qu'emporteriez-vous ?
Ma femme Tanja et ma fille Lea, un cuisinier, de la musique et une télévision…
Une journée idéale ?
D'abord se lever tard, pouvoir être tranquille, faire les sports que j'aime, faire un bon repas et passer des bons moments avec ma famille.
Quel a été le plus beau jour de votre vie ?
Le jour où j'ai rencontré ma femme Tanja.
Qu'est ce qui vous fait le plus rire dans la vie ?
Quand je suis de bonne humeur, tout me fait rire…
Si vous n'aviez pas été pilote, qu'auriez-vous fait ?
J'aurais certainement travaillé avec mon père dans l'entreprise de pompes funèbres.
Dans la vie, qu'est ce qui est le plus important pour vous ?
La santé et de voir la vie de façon positive.
Quelles sont vos principales qualités ?
J'ai de la suite dans les idées.
Avez-vous des défauts ?
J'ai parfois du mal à changer d'avis et d'opinion sur certaines choses.

JORDAN FORD

Cet hiver, Eddie Jordan a dû sacrifier ses longues vacances de ski à Courchevel pour assurer la survie et la pérennité de son écurie. Le départ de son partenaire Deutsche Post l'a plongé dans un sérieux embarras. Malgré de gros soucis financiers, rien n'a retardé la naissance de la Jordan EJ 13. Elle a été conçue sous la direction d'Henry Durand. Elle est propulsée par le moteur Ford qui équipait Jaguar l'an passé. Ce moteur fiable devrait donner à l'équipe une certaine régularité et lui permettre de repartir du bon pied. Cette nouvelle association peut déboucher sur une bonné perspective d'avenir avec le géant de Detroit. Les longues tractations avec Red Bull et Felipe Massa ont échoué car Eddie Jordan voulait rester majoritaire dans son entreprise. La présence de Giancarlo Fisichella, l'un des meilleurs pilotes du plateau est un gros atout. Il est épaulé par l'anglo-irlandais Ralph Firman dont on ne sait pas grand-chose mais qui bénéficie néanmoins d'une bonne réputation.

Par un souci évident d'économies, l'équipe Jordan a choisi l'option des essais libres du vendredi matin. Elle a enfin bénéficié de l'avance des droits télévisés crée par Bernie pour sauver les plus démunis... La présence de Jordan à Melbourne était déjà une victoire.

Châssis: Jordan EJ13

Moteur: V10 Ford Cosworth CR-3 (72°)

Pneus: Bridgestone

Jordan Ford

Adresse : Jordan Grand Prix Ltd
Buckingham Road, Silverstone, Northamptonshire
NN12 8TJ, Grande-Bretagne

Tel : +44 (0)1327-850.800
Fax : +44 (0)1327 857.993

Internet : www.f1jordan.com

Directeur général : Eddie Jordan
Directeur technique : Henri Durand
Nombre d'employés : 200

Ecurie fondée en 1981
Débuts en GP : Etats-Unis 1991
Nombre de GP disputés : 197

Première victoire : Belgique 1998 (D. Hill)
Nombre de victoires : 3

Première pole-position : Belgique 1994 (Barrichello)
Nombre de pole-positions : 2

Premier meilleur tour : Hongrie 1991 (Gachot)
Nombre de meilleurs tours : 2

Premiers points : Canada 1991
(De Cesaris, 4e et Gachot, 5e)
Nombre de points marqués : 261
Moyenne de points par course : 1,32

Premier podium : Pacifique 1994 (Barrichello, 3e)
Nombre de podiums : 17

Meilleur classement au championnat du monde des constructeurs : 3e en 1999.
Meilleur classement au championnat du monde des pilotes : 3e en 1999 (H.-H. Frentzen).

Pilote d'essais : aucun.

Les +

- Présence de Fisichella.
- Volonté de s'en sortir.
- Bon moteur Ford.
- Bon staff technique.

La saison 2002 en bref...

- 6e au championnat des constructeurs.
- Meilleur résultat : 5e (Fisichella > Autriche, Monaco, Canada • Sato > Japon).
- Meilleure qualification : 5e (Fisichella > Hongrie).
- 9 points marqués (Fisichella 7, Sato 2).
- 18 Grands Prix terminés sur 33 disputés (Sato 10, Fisichella 8).
- 5 Grands Prix finis dans les points (Fisichella 4, Sato 1).

Les —

- Budget insuffisant.
- Difficultés financières.
- Inexpérience de Firman.

Eddie Jordan

Henri Durand

JORDAN FORD

Le 9 décembre 2002, lors de la très élégante remise des Awards de Bernie à Birmingham, Giancarlo Fisichella remporte le prix du meilleur pilote de l'année. Ce titre honorifique ne changera pas hélas le cours de la vie du petit Italien de Rome. De retour dans une équipe Jordan aux abois, il n'aura certainement pas encore les moyens cette année d'exprimer son immense talent. Et les années passent…

Le cas Fisichella est énigmatique. Pourquoi les écuries de pointe persistent à se priver d'un tel joyau. Comme un enfant, Fisico rêve de tenir un jour entre ses mains un volant orné d'un petit cheval cabré.

Impossible chimère ?

Giancarlo Fisichella

Date et lieu de naissance : 14 janvier 1973 à Rome (Italie)
Nationalité : Italienne
Lieu de résidence : Monte-Carlo
Situation familiale : Marié à Luna, une fille Carlotta et un fils Christopher.
Taille : 1, 72 m
Poids : 69 kg

Internet : www.giancarlofisichella.com

#11

GIANCARLO FISICHELLA

Titres obtenus

- 1994 : Champion d'Italie F3
  et vainqueur du Grand Prix de Monaco F3.

En bref ...

Débuts en compétition : 1984 (kart)
Débuts en GP : Australie 1996 (Minardi-Ford)

- 107 Grands Prix disputés,
- 82 points marqués
- Moyenne de points par GP : 0,76
- 9 podiums
- 0 victoire
- 5 fois 2e
- 4 fois 3e
- 5 fois 4e
- 8 fois 5e
- 5 fois 6e
- 1 pole-position
- 1 meilleur tour
- 172 Kilomètres en tête
- 35 Tours en tête

Palmarés en F1

Meilleur classement en F1 : 6e en 2000 (Benetton-Supertec)
Meilleur résultat en F1 : 2e (5 fois)
Meilleure qualification en F1 : 1er (1 pole-position)

1996 : Minardi-Ford • 8 GP, 0 point, non-classé
1997 : Jordan-Peugeot • 17 GP, 20 points, 8e
1998 : Benetton-Mecachrome • 16 GP, 16 points, 9e
1999 : Benetton-Supertec • 16 GP, 13 points, 9e
2000 : Benetton-Supertec • 17 GP, 18 points, 6e
2001 : Benetton-Renault • 17 GP, 8 points, 11e
2002 : Jordan-Honda • 16 GP, 7 points, 11e

Equipiers en F1

1996 : P. Lamy
1997 : R. Schumacher
1998, 1999 et 2000 : A. Wurz
2001 : J. Button
2002 : T. Sato

Le verdict des qualifications 2002 :
Fisichella 12 / Sato 4

50 QUESTIONS → GIANCARLO FISICHELLA

Première voiture conduite ?
Une Fiat 127 à 5 ans…
Véhicule personnel ?
J'ai cette année une Ford Mondeo.
Véhicule préféré ou de rêve ?
J'ai la chance de l'avoir. C'est mon jardin secret…
Voiture de course dont vous gardez le meilleur souvenir ?
Mes F1 en règle générale.
Quelle a été votre plus mauvaise voiture ?
La Ralt RT 36 de Formule 3.

Meilleur souvenir en course ?
Tous mes podiums sont de belles histoires. Je garde un excellent souvenir de ma victoire F3 à Monaco en 1994 et de ma première journée en F1.
Le plus mauvais souvenir en course ?
Mon abandon au Nürburgring en 1999 alors que j'étais en tête. Je n'ai pas non plus de souvenirs extraordinaires de mes deux dernières saisons chez Benetton puis Jordan.

Vous rappelez vous le premier GP que vous avez vu à la télévision ?
J'étais tout petit. Je me souviens de Niki Lauda sur une Brabham. Ce devait être en 1979.
Le premier auquel vous avez assisté ?
Lorsque j'ai couru en F3 à Monaco en 1993.
Votre but en compétition ?
Devenir champion du monde.
Votre circuit préféré ?
C'est Imola.
Le circuit que vous détestez ?
Peut-être Silverstone car il fait toujours mauvais là-bas…
Que vous inspire la disparition de Spa au calendrier ?
C'est le plus beau. Mais je suis optimiste pour l'avenir.
Votre pilote préféré dans l'histoire ?
Niki Lauda puis Ayrton Senna.
Votre pilote préféré en activité ?
J'aime bien Michael Schumacher et Villeneuve.
Quel a été votre meilleur équipier ?
Alexandre Wurz et Jenson Button.
Si vous étiez directeur d'une écurie, quels pilotes choisiriez-vous ?
Shumacher et Fisichella.

Qu'est ce qui vous passionne dans cette profession ?
Je suis bien quand je suis derrière un volant.
Qu'est ce qui ne vous plaît pas ?
Ne pas avoir une voiture compétitive.
Quel est votre moment préféré d'un Grand Prix ?
Les qualifs et le départ. Ensuite l'avion du dimanche soir…
Montez-vous toujours du même côté dans votre voiture ?
Du côté gauche, mais seulement par habitude.
Avez-vous songé à votre reconversion ?
Devenir team-manager, rester dans le monde de la course.
Plat préféré ?
Les "bucatini alla matriciana", une spécialité de pâtes à la romaine.
Plat détesté ?
Le carry et les sushis.
Boisson préférée ?
Le Coca Cola et le jus d'orange
Aimez-vous l'alcool ?
Le vin rouge, la caipirinha et le champagne des podiums.
Avez-vous déjà fumé ?
Jamais. Cela ne m'intéresse pas.
Sports pratiqués ?
Le football, le VTT, le ski, le tennis et la gymnastique.
Sports préférés ?
Je m'intéresse à tous les sports et au football avec en particulier la Roma.
Quel est votre sportif préféré ?
Lance Armstrong.
Quels sont vos hobbies ou vos centres d'intérêt en dehors du sport ?
J'adore aller pêcher en rivière et jouer au billard.
Films préférés ?
J'ai bien aimé le Titanic. Je ne connaissais pas bien l'histoire. J'aime bien regarder des dessins animés avec ma fille.
Acteurs préférés ?
Roberto Beninni et Flavio Briatore. C'est un excellent acteur…
Que regardez-vous à la télévision ?
Un peu de tout.
Quel type de musique aimez-vous ?
Tout me plaît. J'aime bien Elton John, Claudia Baglioni, Renato Zero, Madonna et Robbie Williams.

Lectures préférées ?
Je ne lis pas beaucoup. Je préfère les textes plus courts.
Couleur préférée ?
Le jaune et le rouge.
Quel est l'endroit où vous préférez prendre des vacances ?
J'aime bien aller en famille aux Maldives, surtout en fin de saison.
Votre ville préférée pour faire du shopping ?
Je trouve que c'est en Italie à Rome bien sûr et à Milan.
Que collectionnez-vous ?
J'aime les belles voitures…
Avez-vous des animaux ?
A Monte-Carlo, j'ai un aquarium et des oiseaux inséparables. Sinon j'aime aussi les chats et les chiens.
En dehors du sport automobile, qui admirez-vous ?
Ma famille.
Si vous partiez dans une île déserte, qu'emporteriez-vous ?
Ma famille.
Une journée idéale ?
Aller à la pêche et gagner au loto du foot…
Quel a été le plus beau jour de votre vie ?
La naissance de mes deux enfants. C'est extraordinaire.

Qu'est ce qui vous fait le plus rire dans la vie ?
J'aime bien rire.
Si vous n'aviez pas été pilote, qu'auriez-vous fait ?
J'aurais fait de la mécanique dans un garage.
Dans la vie, qu'est ce qui est le plus important pour vous ?
La santé et être heureux avec les miens.
Quelles sont vos principales qualités ?
Je suis gentil…
Avez-vous des défauts ?
Je ne suis pas assez méchant…

JORDAN FORD

Après avoir remporté le titre de Formule 3 en Angleterre en 1996, Ralph Firman, tel un mercenaire par poursuivre sa carrière au Japon.

Persévérant, il finit par s'adjuger le championnat de Formule Nippon, l'équivalent de notre F3000. Comme Ralf Schumacher quelques années plus tôt, il rentre en Europe et songe à la Formule 1. Après un essai chez BAR avant Noël, l'avenir du pilote britannique semble bien obscur. Il figure bien sur la longue liste des prétendants au volant Jordan, le dernier en lice. Les postulants sont nombreux de Irvine à Massa en passant par Bernoldi et autre Davidson. A la fin du mois de janvier, les évènements soudain se bousculent. Eddie Irvine annonce sa retraite. A la surprise générale, Eddie Jordan engage Ralph Firman, le plus inexpérimenté de la bande. C'est l'invité surprise. Le cigarettier Benson & Hedges, resté fidèle a joué certainement un rôle essentiel dans ce choix cornélien. Le manufacturier voulait un pilote britannique…

Confronté à Fisichella, dans une discipline sans pitié, Ralph Firman ne pourra pas se permettre de faire de la figuration.

Ralph Firman

Date et lieu de naissance : 20 mai 1975 à Norfolk (Grande-Bretagne)
Nationalité : Irlandaise et Anglaise
Lieu de résidence : Londres (Grande-Bretagne)
Situation familiale : Célibataire
Taille : 1,85 m
Poids : 78 kg

Internet : www.ralphfirman.net

#12

RALPH FIRMAN

Titres obtenus

- 1993 : Champion d'Angleterre Junior de Formule Vauxhall
  Champion Mclaren Autosport-jeune pilote de l'année
- 1996 : Champion d'Angleterre de F3
  Vainqueur de Macao F3
- 2002 : Champion de Formule Nippon (Japon)

En bref ...

Débuts en compétition : 1986 (kart)
Débuts en GP : Australie 2003 (Jordan-Ford)

50 QUESTIONS → RALPH FIRMAN

Première voiture conduite ?
Je ne me rappelle plus, je pense que je devais avoir six ans environ.
Véhicule personnel ?
J'ai une Ford Focus RS
Véhicule préféré ou de rêve ?
L'Aston Martin Vantage , les Ferrari et les Porsche.
Voiture de course dont vous gardez le meilleur souvenir ?
La Jordan de F1…
Quelle a été votre plus mauvaise voiture ?
Certaines monoplaces de Formule Nippon au Japon.
Meilleur souvenir en course ?
Ma victoire à Macao F3 en 1996.
Le plus mauvais souvenir en course ?
Une période en Formule Nippon au Japon.
Vous rappelez vous le premier GP que vous avez vu à la télévision ?
Non, pas exactement, mais je sais qu'il y a bien longtemps.
Le premier auquel vous avez assisté ?
Silverstone et je devais avoir neuf ans.
Votre but en compétition ?
Devenir champion du monde.

Votre circuit préféré ?
Oulton Park et Brands Hatch.
Le circuit que vous détestez ?
Aucun je pense.
Que vous inspire la disparition de Spa au calendrier ?
Je n'ai jamais couru à Spa...
Votre pilote préféré dans l'histoire ?
Sans hésitation, je dirais Senna.
Votre pilote préféré en activité ?
Aucun. Je ne les connais pas...
Quel a été votre meilleur équipier ?
Helio Castroneves en F3 chez Paul Stewart.
Si vous étiez directeur d'une écurie, quels pilotes choisiriez-vous ?
Je ne voudrais pas être team manager...
Qu'est ce qui vous passionne dans cette profession ?
J'aime tous les aspects. J'ai beaucoup de chance ce que je rêvais de faire.
Qu'est ce qui ne vous plait pas ?
Ne pas gagner...
Quel est votre moment préféré d'un Grand Prix ?
La victoire...
Montez-vous toujours du même côté dans votre voiture ?
Non, cela dépend où je me trouve.
Avez-vous songé à votre reconversion ?
Non.
Plat préféré ?
Les pâtes...
Plat détesté ?
Je n'aime pas le pudding fait avec du pain et du beurre.
Boisson préférée ?
L'eau et l'EJ 10 de chez Jordan...
Aimez-vous l'alcool ?
Le V10, la même boisson mais qui est alcoolisée...
Avez-vous déjà fumé ?
Non, jamais.
Sports pratiqués ?
Le cyclisme, la course à pied et le golf.
Sports préférés ?
J'aime bien suivre les grands tournois de golf, le rugby...
Quel est votre sportif préféré ?
Ceux qui dominent leurs sports.
Quels sont vos hobbies ou vos centres d'intérêt en dehors du sport ?
J'adore le golf.
Films préférés ?
Les films drôles en général. Mais mon préféré sera toujours Autant en emporte le vent.
Acteurs préférés ?
J'aime bien jack Nicholson et des centaines d'actrices...

Que regardez-vous à la télévision ?
Certains bons films, les comédies et par exemple un bon match de rugby du Tournoi des 6 Nations.
Quel type de musique aimez-vous ?
La pop music en général et Elton John et Madonna.
Lectures préférées ?
Les livres où l'on apprend quelque chose. J'aime bien les documents sur l'histoire anglaise, la période de l'amiral Nelson et la seconde guerre mondiale.
Couleur préférée ?
Le jaune comme chez Jordan.
Quel est l'endroit où vous préférez prendre des vacances ?
L'Hôtel Eden Rock à Saint Barth et l'Irlande.
Votre ville préférée pour faire du shopping ?
Je n'aime pas le shopping. Quand je suis obligé, je vais à Londres.
Que collectionnez-vous ?
Je ne suis pas collectionneur.
Avez-vous des animaux ?
Non, mais j'aime bien les chats.
En dehors du sport automobile, qui admirez-vous ?
Mes amis proches.
Si vous partiez dans une île déserte, qu'emporteriez-vous ?
De l'eau et une fiancée.
Une journée idéale ?
Etre relax à la maison.
Quel a été le plus beau jour de votre vie ?
Avoir le volant de la Jordan.
Qu'est ce qui vous fait le plus rire dans la vie ?
Je ris facilement. Il y beaucoup de choses qui me font rire.
Si vous n'aviez pas été pilote, qu'auriez-vous fait ?
Je ne sais pas.

Dans la vie, qu'est ce qui est le plus important pour vous ?
Le sport automobile.
Quelles sont vos principales qualités ?
Je pense l'honnêteté.
Avez-vous des défauts ?
Ce n'est pas à moi de juger.

JAGUAR

Comme dans les périodes les plus troubles de l'histoire, une véritable purge a eu lieu chez Jaguar cet hiver. L'état-major de Ford n'y est pas allé de main morte. Toute la direction de Lauda à Steiner, les pilotes et une centaine de personnes ont été remerciés avec plus ou moins d'élégance. Car les années se suivent et les résultats ne sont toujours pas là. Les quelques exploits d'Eddie Irvine dont le podium de Monza n'ont pas suffi. L'Irlandais était prêt à faire de gros sacrifices sur son salaire pour poursuivre l'aventure. La direction de Ford en a voulu autrement. On repart presque d'une feuille blanche et on joue la carte jeune. Les pilotes Mark Webber et Antonio Pizzonia seront-ils en mesure de tenir l'édifice ?

Les hautes instances dirigeantes ont comme chez BAR compris que les résultats n'étaient pas toujours proportionnels aux sommes investies. Chez Jaguar, un semblant d'humilité voit le jour à l'image du choix délibéré d'effectuer les essais libres du vendredi matin. Cette équipe n'est pas soudée, n'a pas d'âme. A la fin de l'hiver, on a évoqué les noms de Zanardi, Mansell et Watson pour prendre les rennes du jaguar toujours aussi sage qu'un agneau. La nouvelle direction composée des ingénieurs Tony Purnell et Malcolm Oastler associés à John Hogan, ancien responsable de Philip Morris sera-elle faire mieux que ses prédécesseurs ?

Il faut souhaiter que la compétitivité de la Jaguar R4 soit à la hauteur du talent des jeunes pilotes. Ford, engagé aussi en rallyes ne peut pas se permettre de faire de la figuration. Il faut des résultats Qui a parlé d'un chef-d'œuvre en péril ?

Châssis: Jaguar R4

Moteur: V10 Ford Cosworth CR-5 (90°)

Pneus: Michelin

Jaguar Racing

Adresse : Jaguar Racing Ltd
Bradbourne Drive, Tilbrook,
Milton Keynes MK7 8BJ,
Grande-Bretagne

Tel : +44 (0)1908-279.700
Fax : +44 (0)1908-279.711

Internet : www.jaguar-racing.com

Président Premier Performance Division : Tony Purnell
Directeur général : David Pitchforth
Directeur technique : Malcolm Oastler / Ian Pocock
Nombre d'employés : 270

Ecurie fondée en 1999
Débuts en GP : Australie 2000
Nombre de Grands Prix disputés : 51

Nombre de victoires : 0
Meilleur résultat en GP : 3e (Monaco 2001, Italie 2002)

Nombre de pole-positions : 0
Meilleur résultat en qualification : 5e (Italie 2002)

Nombre de meilleurs tours : 0

Premiers points : Monaco 2000 (Irvine, 4e)
Nombre de points marqués : 21
Moyenne de points par course : 0,41

Premier podium : Monaco 2001 (Irvine, 3e)
Nombre de podiums : 2

Meilleur classement au championnat du monde des constructeurs : 7e en 2002.
Meilleur classement au championnat du monde des pilotes : 9e en 2002 (E. Irvine).

Pilotes d'essais : pas encore annoncés.

Les +

- Bon budget.
- Moteur Ford.
- Volonté de progresser et de parvenir à des résultats.

La saison 2002 en bref...

- 7e au championnat des constructeurs.
- Meilleur résultat : 3e (Irvine > Italie).
- Meilleure qualification : 5e (Irvine > Italie).
- 8 points marqués (Irvine 8).
- 16 Grands Prix terminés sur 34 disputés (Irvine 7, De la Rosa 9).
- 3 Grands Prix finis dans les points (Irvine 3).

Les —

- Pilotes manquant d'expérience.
- Manque de stabilité de l'équipe.
- Obligation de résultats.

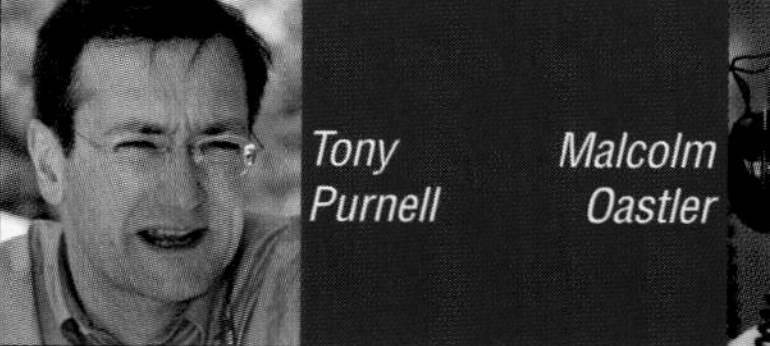

Tony Purnell

Malcolm Oastler

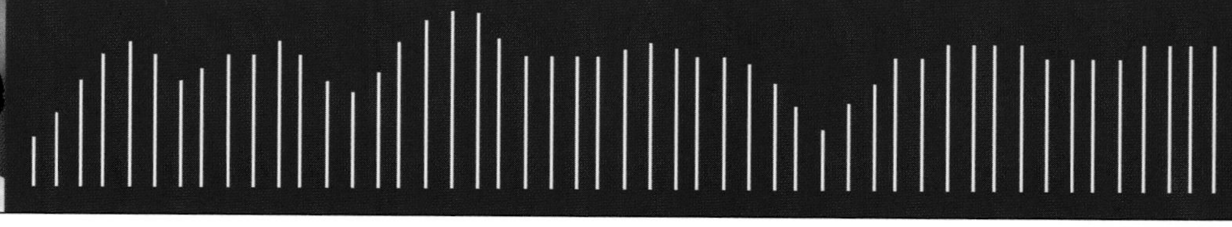

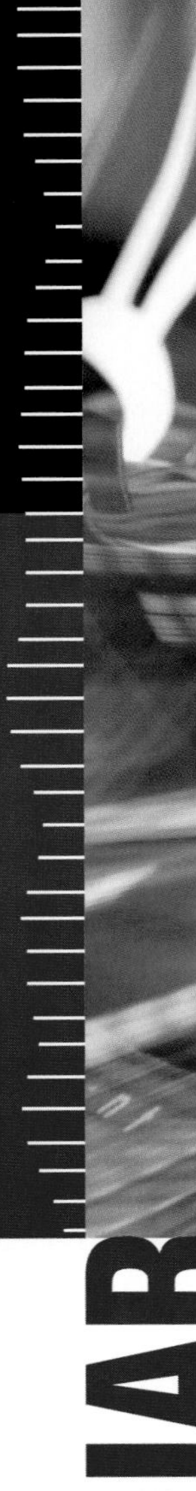

JAGUAR

Miraculeusement indemne après deux envolées spectaculaires aux 24 Heures du Mans 1998 avec Mercedes, Mark Webber décide de retourner en monoplace. Après la Formule 3000, épaulé par Flavio Briatore, il devient en 2001 pilote d'essais Benetton. L'an passé, il réussit des débuts tonitruants en Formule 1 dans la modeste équipe Minardi. Devant les siens, en Australie, il termine à une excellente cinquième place. Toujours à son avantage, mais loin des feux des projecteurs, il attire les regards de Jaguar qui tarde à bondir. Après une séance d'essais positive au cours de l'été, il signe pour cette écurie et poursuit ainsi sa carrière en Formule 1. Ce garçon ne fait pas de bruit. L'une des révélations de la saison dernière a les moyens de s'affirmer si sa monture ne se montre pas rétive.

Mark Webber

Date et lieu de naissance : 27 août 1976 à Queanbeyan, NSW, Australie
Nationalité : Australienne
Lieu de résidence : Buckinghamshire, Grande-Bretagne
Situation familiale : Célibataire
Taille : 1,84 m
Poids : 74 kg

Internet : www.markwebber.com

#14

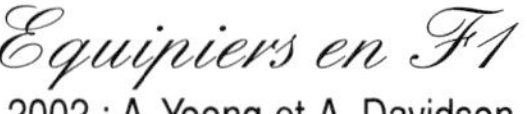

MARK WEBBER

Titres obtenus

- 1992 : Champion NSW et ACT de Karting.
- 1996 : Vainqueur du Formula Ford Festival.
- 1998 : 5 victoires avec Mercedes en Endurance (équipier de Bernd Schneider).

En bref...

Débuts en compétition : 1991 (kart)
Débuts en GP : Australie 2002 (Minardi-Asiatech)

- 16 Grands Prix disputés
- 2 points marqués
- Moyenne de points par GP : 0,125
- 0 podium
- 0 victoire
- 1 fois 5e
- 0 pole position
- 0 meilleur tour
- 0 Kilomètre en tête
- 0 Tour en tête

Palmarés en F1

Meilleur classement en F1 : 16e en 2002 (Minardi-Asiatech)
Meilleur résultat en F1 : 5e (Australie 2002)
Meilleure qualification en F1 : 18e (Australie, France et Etats-Unis 2002)

2002 : Minardi-Asiatech • 16 GP, 2 points, 16e

Equipiers en F1

2002 : A. Yoong et A. Davidson

Le verdict des qualifications 2002 :
Webber 15 / Yoong 0
Webber 2 / Davidson 0

50 QUESTIONS → MARK WEBBER

Première voiture conduite ?
Une Toyota Corona en 1989.
Véhicule personnel ?
Une Jaguar XKR.
Véhicule préféré ou de rêve ?
J'aime bien la BMW M5 et la Mercedes SLR.

Voiture de course dont vous gardez le meilleur souvenir ?
Ma Dallara 397 de Formule 3 en 1997.
Quelle a été votre plus mauvaise voiture ?
La Lola de F 3000.

Meilleur souvenir en course ?
Ma victoire en F 3000 à Monaco en F 3000 et mes deux points de Melbourne l'an passé.
Le plus mauvais souvenir en course ?
Le Mans en 1999 et mes deux accidents ou ma Mercedes s'était envolée au-dessus des rails.
Vous rappelez vous le premier GP que vous avez vu à la télévision ?
Le Grand Prix de Monaco 1997.
Le premier auquel vous avez assisté ?
Le Grand Prix d'Australie 1997.
Votre but en compétition ?
Gagner.
Votre circuit préféré ?
Spa.
Le circuit que vous détestez ?
Barcelone et l'A1-Ring en Autriche.
Que vous inspire la disparition de Spa au calendrier ?
Je suis très déçu. C'est vraiment dommage. C'est un circuit spectaculaire dans un cadre exceptionnel.
Votre pilote préféré dans l'histoire ?
Alain Prost.
Votre pilote préféré en activité ?
J'ai beaucoup de respect pour Michael Schumacher.

Quel a été votre meilleur équipier ?
Bernd Schneider chez Mercedes en Sportscars.
Si vous étiez directeur d'une écurie, quels pilotes choisiriez-vous ?
Michael Schumacher et Kimi Räikkönen.
Qu'est ce qui vous passionne dans cette profession ?
J'aime la vitesse et les poussées d'adrénaline. C'est aussi le fait de pouvoir s'exprimer à la limite de la voiture.
Qu'est ce qui ne vous plaît pas ?
Les voyages, les hôtels et les trop nombreuses sollicitations exigées aux pilotes.
Quel est votre moment préféré d'un Grand Prix ?
Passer la ligne comme à Melbourne l'an passé.
Montez-vous toujours du même côté dans votre voiture ?
Toujours du côté gauche, car en kart, le moteur était du côté droit.
Avez-vous songé à votre reconversion ?
Je m'impliquerais beaucoup dans les causes caritatives.
Plat préféré ?
Les pâtes, la pizza, le chocolat, les glaces et les desserts.
Plat détesté ?
Les sushis.
Boisson préférée ?
Le jus de pomme, la limonade et l'eau gazeuse.
Aimez-vous l'alcool ?
Un peu de vin rouge.
Avez-vous déjà fumé ?
J'ai essayé.
Sports pratiqués ?
Je fais un maximum de sports, du vélo, du VTT, du ski en Autriche et une grosse préparation physique.
Sports préférés ?
Le tennis, le squash, et le vélo sous toutes ses formes.
Quel est votre sportif préféré ?
Le coureur cycliste Lance Armstrong et le motard Mike Doohan.
Quels sont vos hobbies ou vos centres d'intérêt en dehors du sport ?
J'aime bien les avions et les hélicoptères radio-commandés et les jeux vidéos comme la playstation.
Films préférés ?
Je suis allé voir dernièrement "Harry Potter". Ce n'était pas une bonne idée… J'ai bien aimé "The Castle" et en général, j'aime les films légers et les comédies.
Acteurs préférés ?
Jack Nicholson.
Que regardez-vous à la télévision ?
Certains documentaires et les reportages sportifs.
Quel type de musique aimez-vous ?
INXS, U2, certains hits et la musique relaxante.
Lectures préférées ?
Les autobiographies et les biographies. J'aime aussi certains romans policiers. Dernièrement, j'en ai lu un de Stephen King.
Couleur préférée ?
Le bleu.
Quel est l'endroit où vous préférez prendre des vacances ?
En Australie bien sûr mais aussi en Autriche pour aller skier.
Votre ville préférée pour faire du shopping ?
Montréal et les villes italiennes.
Que collectionnez-vous ?
Je ne suis pas collectionneur.
Avez-vous des animaux ?
Non, mais plus tard, j'aimerais avoir un chien.
En dehors du sport automobile, qui admirez-vous ?
Tous ceux qui savent surmonter l'adversité.
Si vous partiez dans une île déserte, qu'emporteriez-vous ?
Beaucoup de chocolat…
Une journée idéale ?
Je la commencerai avec un bon petit-déjeuner, suivi d'un peu de gym. Après un repas léger, j'irais piloter une F1 en configuration de qualifs. Puis je rentrerai à la maison et je passerai une soirée tranquille à zapper devant la télé.
Quel a été le plus beau jour de votre vie ?
C'est le Grand Prix d'Australie 2002. Terminer dans les points lors de ma première course, et de plus chez moi est un souvenir inoubliable.
Qu'est ce qui vous fait le plus rire dans la vie ?
Quand je suis avec des amis. Ce n'est jamais triste…
Si vous n'aviez pas été pilote, qu'auriez-vous fait ?
Je serais plombier.
Dans la vie, qu'est ce qui est le plus important pour vous ?
Ma famille. Je regrette de ne pas voir plus souvent mes parents et ma sœur qui sont en Australie.
Quelles sont vos principales qualités ?
Je suis honnête et je pense avoir les pieds sur terre.
Avez-vous des défauts ?
Je suis parfois trop impatient.

JAGUAR

A neuf ans, toutes les fins de semaine, le jeune Antonio Pizzonia quitte Manaus, ville perdue dans la forêt amazonienne pour aller courir en kart à Sao Paolo. Prénommé " l'homme de la jungle ", il triomphe par la suite dans le championnat d'Angleterre de F3. Les managers de la Formule 1 lui font les yeux doux. Ils effectuent des essais pour Arrows et Benetton.

Voulant suivre la voie de la sagesse, il décide de suivre la voie de la sagesse et s'engage en Formule 3000. Cette discipline ne lui donnera pas beaucoup de satisfaction. Par contre, son apprentissage de la F1 chez Williams lui permet de se refaire une réputation et lui permet d'acquérir une solide expérience. Brillant, il est annoncé chez Toyota. Pour des raisons encore obscures, le contrat ne sera jamais signé. Néanmoins, le pilote brésilien trouvera refuge chez Jaguar. Extrêmement rapide, bénéficiant des essais supplémentaires du vendredi matin qu'a choisi son équipe, ce sera un homme à suivre.

Antonio Pizzonia

Date et lieu de naissance : 11 septembre 1980 à Manaus (Brésil)
Nationalité : Brésilienne
Lieu de résidence : Monte Carlo et Manaus (Brésil)
Situation familiale : Célibataire
Taille : 1,73 m
Poids : 68 kg

Internet : www.antoniopizzonia.net

#15

ANTONIO PIZZONIA

Titres obtenus

- 1998 : Champion d'Angleterre de Formule Vauxhall Junior
  Champion de la série hivernale de Formule Renault
- 1999 : Champion d'Angleterre de Formule Renault
- 2000 : Champion d'Angleterre de Formule 3

En bref ...

Débuts en compétition : 1991 (kart)
Débuts en GP : Australie 2003 (Jaguar)

50 QUESTIONS → ANTONIO PIZZONIA

Première voiture conduite ?
Sur les genoux de mon père à quatre ans.

Véhicule personnel ?
Une Jaguar XKR.

Véhicule préféré ou de rêve ?
J'aime bien modifier, personnaliser un peu les voitures que je peux avoir.

Voiture de course dont vous gardez le meilleur souvenir ?
Ma Dallara de F3 en 1999.

Quelle a été votre plus mauvaise voiture ?
La Lola de F3000 en 2002.

Meilleur souvenir en course ?
Mes 15 victoires dans le championnat de F3 en Angleterre en 1999.

Le plus mauvais souvenir en course ?
Je veux les oublier…

Vous rappelez vous le premier GP que vous avez vu à la télévision ?
Au début de ma carrière en kart dans les années 90.

Le premier auquel vous avez assisté ?
J'ai assisté au Brésil à la première victoire de Senna en 1991.

Votre but en compétition ?
Devenir Champion du monde.

Votre circuit préféré ?
Spa.
Le circuit que vous détestez ?
Budapest. C'est trop petit. On dirait une piste de kart.
Que vous inspire la disparition de Spa au calendrier ?
Je suis déçu. C'est la piste préférée de 90% des pilotes.
Votre pilote préféré dans l'histoire ?
Ayrton Senna. Il était à son apogée quand j'ai commencé à courir.
Votre pilote préféré en activité ?
C'est difficile à dire. J'ai beaucoup de respect pour Schumacher.
Quel a été votre meilleur équipier ?
Marc Gene dans l'équipe d'essais Williams en 2002. C'est un garçon charmant.
Si vous étiez directeur d'une écurie, quels pilotes choisiriez-vous ?
Je n'y ai jamais pensé.
Qu'est ce qui vous passionne dans cette profession ?
J'adore les dépassements. C'est le plus excitant.
Qu'est ce qui ne vous plaît pas ?
Conduire une mauvaise voiture. C'est frustrant.
Quel est votre moment préféré d'un Grand Prix ?
Entendre l'hymne brésilien sur un podium…
Montez-vous toujours du même côté dans votre voiture ?
Non, mais toujours le pied droit en premier.
Avez-vous songé à votre reconversion ?
Je m'occuperais certainement de la protection des populations, de la faune et de la flore de l'Amazonie.
Plat préféré ?
Le barbecue brésilien, la churrascaria, les poissons d'Amazonie, toutes sortes de poulet et les pâtes car c'est facile à cuisiner…

Plat détesté ?
Le foie.
Boisson préférée ?
Les jus de fruits tropicaux.
Aimez-vous l'alcool ?
Non.
Avez-vous déjà fumé ?
Non.
Sports pratiqués ?
Je suis né pour faire du sport. Au Brésil, je fais du foot, du tennis, du basket, du ski nautique et du surf.
Sports préférés ?
J'aime bien les compétitions de snowboard et tous les sports en général.
Quel est votre sportif préféré ?
J'aime bien Pelé et Ronaldo.
Quels sont vos hobbies ou vos centres d'intérêt en dehors du sport ?
En Amazonie, je m'occupe de la protection de la nature et en particulier des poissons-taureaux qui sont une espèce en voie de disparition. Je m'occupe aussi de l'éducation dans les écoles de conduite.
Films préférés ?
Les comédies, comme par exemple American Pie 2.
Acteurs préférés ?
Julia Roberts et Tom Hanks.
Que regardez-vous à la télévision ?
Je ne la regarde pas souvent. De temps en temps les informations et certaines chaînes musicales pour me relaxer.
Quel type de musique aimez-vous ?
Absolument tous les genres de musiques, de l'opéra au rock'n roll.
Lectures préférées ?
Je n'aime pas les livres de fiction. J'aime apprendre quelque chose en lisant.
Couleur préférée ?
Le bleu et le vert.
Quel est l'endroit où vous préférez prendre des vacances ?
Chez moi à Manaus en famille.
Votre ville préférée pour faire du shopping ?
Le Brésil. Le shopping est très intéressant avec le taux de change du dollar…
Que collectionnez-vous ?
Je collectionne un peu les montres et je garde précieusement tous les casques et les équipements avec lesquels j'ai couru. Je n'ai jamais donné un casque. C'est un objet personnel que je conserve jalousement…
Avez-vous des animaux ?
Au Brésil, mes parents ont quatre chiens dans leur appartement. J'adore les animaux.
En dehors du sport automobile, qui admirez-vous ?
J'ai beaucoup d'estime pour les athlètes qui sont au top.
Si vous partiez dans une île déserte, qu'emporteriez-vous ?
De l'eau et ma petite amie.
Une journée idéale ?
Etre avec ma famille à la maison au Brésil.

Quel a été le plus beau jour de votre vie ?
La première fois que j'ai conduit une F1 en 1999. C'était une Williams et j'avais gagné ce prix de 24 tours après mon titre de F3.
Qu'est ce qui vous fait le plus rire dans la vie ?
Etre avec mes amis au Brésil. Nous chahutons beaucoup.
Si vous n'aviez pas été pilote, qu'auriez-vous fait ?
Je suis pilote depuis l'âge de 9 ans. Je n'ai jamais eu le temps d'y penser.
Dans la vie, qu'est ce qui est le plus important pour vous ?
Etre heureux. Le reste vient naturellement.
Quelles sont vos principales qualités ?
Je pense être honnête et respecter tout le monde.
Avez-vous des défauts ?
Je suis trop possessif avec mes affaires et mes casques par exemple. Je suis aussi trop opiniâtre.

BAR HONDA

L'équipe BAR arrive à l'âge de raison. Craig Pollock, le père spirituel et fondateur de l'écurie a été remercié avec habileté l'an passé. David Richards, l'un des grands pontes du rallye lui a succédé après une apparition malheureuse chez Benetton il y a quelques années. Champion du monde avec Ari Vatanen en 1981, ce quinquagénaire élégant est un redoutable organisateur. Les temps ont changé. Les millions de dollars de British Americana Tobacco ne sont plus dilapidés en pure perte.

Un remaniement délicat et adroit a mis enfin l'écurie sur les bons rails. Dessiné par Geoff Willis, l'ancien chef aérodynamicien de Williams, la BAR 005 semble bien née. Concentrant ses efforts sur une seule écurie, sur le plan technique et financier, Honda ne peut plus se permettre de faire de la figuration face à son frère ennemi Toyota. Jacques Villeneuve, isolé après le départ de son manager Pollock est animé d'une froide détermination. Il joue cette année son avenir et la suite de sa carrière. La rivalité qui l'oppose à Jenson Button, protégé et ami de David Richards peut créer une saine émulation et une amélioration des performances.

Est ce que le nouveau maître de ses lieux est réaliste ou utopiste lorsqu'il annonce que son équipe vise la troisième place du championnat ?

Châssis: BAR 005

Moteur: V10 Honda RA003E (90°)

Pneus: Bridgestone

Lucky Strike British American Racing Honda

Adresse : British American Racing Honda
Operations Centre, Brackley,
Northamptonshire, NN13 7BD
Grande-Bretagne

Tel : +44 (0)1280-844.000
Fax : +44 (0)1280-844.001

Internet : www.bar.net

Directeur général : David Richards
Directeur technique : Geoff Willis
Nombre d'employés : 300

Ecurie fondée en 1999
Débuts en GP : Australie 1999
Nombre de GP disputés : 67

Nombre de victoires : 0
Meilleur résultat en GP : 3e (2 fois)

Nombre de pole-positions : 0
Meilleur résultat en qualification : 4e (1 fois)

Nombre de meilleurs tours : 0

Premiers points : Australie 2000
(Villeneuve, 4e et Zonta, 6e)
Nombre de points marqués : 44
Moyenne de points par course : 0,65

Premier podium : Espagne 2001 (Villeneuve, 3e)
Nombre de podiums : 2

Meilleur classement au championnat du monde des constructeurs :
5e en 2000.
Meilleur classement au championnat du monde des pilotes :
7e en 2000 et 2001 (J. Villeneuve).

Pilote d'essais : Anthony Davidson (Grande-Bretagne)
Takuma Sato (Japon).

La saison 2002 en bref...

- 8e au championnat des constructeurs.
- Meilleur résultat : 4e (Villeneuve > Grande-Bretagne).
- Meilleure qualification : 6e (Villeneuve et Panis).
- 7 points marqués (Villeneuve 4, Panis 3).
- 14 Grands Prix terminés sur 34 disputés (Villeneuve 8, Panis 6).
- 4 Grands Prix finis dans les points (Villeneuve 2, Panis 2).

Les +

- Moyens importants.
- Motivation d'Honda, solide partenaire technique et financier.
- Organisation de David Richards.
- Emulation entre les pilotes.

Les —

- Rivalité entre les pilotes.
- Emploi du temps chargé pour David Richards entre les rallyes et la F1.
- Fragilité du nouveau moteur Honda.

David Richards

Geoff Willis

BAR HONDA

Jacques Villeneuve est à un tournant de sa carrière. Il entame sa cinquième saison chez BAR. Son ami et manager Craig Pollock a décidé cette année de retourner aux Etats-Unis et a crée une écurie dans la discipline Champ Car, l'ancienne série CART. Le pilote canadien est aujourd'hui isolé dans la structure de Davis Richards. Les relations entre les deux hommes sont glaciales. Il est à la croisée des chemins. Il sait que ses jours sont comptés chez BAR. Takuma Sato, un pur produit de Honda est déjà dans les murs, promis à une place de titulaire en 2004. Dans cet environnement hostile, l'ancien champion du monde qui n'a pas sa langue dans sa poche a déjà déclaré : " Si je ne suis pas plus rapide que Button, je peux rentrer à la maison… "

S'il veut poursuivre sa carrière dans une écurie de premier plan, Jacques Villeneuve a besoin de résultats. Il est motivé comme jamais pour y parvenir. Il en fait une question d'honneur. Cet homme en colère, encore rebelle est capable de tous les exploits.

Jacques Villeneuve

Date et lieu de naissance : 9 avril 1971 à Saint-Jean sur Richelieu (Canada)
Nationalité : Canadienne
Lieu de résidence : Monaco
Situation familiale : Fiancé à Ellen
Taille : 1,71 m
Poids : 63 kg

Internet : www.jv-world.com

#16

JACQUES VILLENEUVE

Titres obtenus

- 1995 : Champion CART aux États-Unis et vainqueur des 500 miles d'Indianapolis.
- 1997 : Champion du monde de F1 (Williams-Renault).

En bref ...

Débuts en compétition : 1986 (école de pilotage)
Débuts en GP : Australie 1996 (Williams-Renault)

- 116 Grands Prix disputés
- 213 points marqués
- Moyenne de points par GP : 1,83
- 23 podiums
- 11 victoires
- 5 fois 2e
- 7 fois 3e
- 9 fois 4e
- 6 fois 5e
- 6 fois 6e
- 13 pole-positions
- 9 meilleurs tours
- 2 814 Kilomètres en tête
- 213 Tours en tête

Palmarès en F1

Meilleur classement en F1 :
Champion du monde en 1997 (Williams-Renault)
Meilleur résultat en F1 : 1er (11 victoires)
Meilleure qualification en F1 : 1er (13 pole-positions)

1996 : Williams-Renault • 16 GP, 78 points, 2e
1997 : Williams-Renault • 17 GP, 81 points, Champion du monde
1998 : Williams-Mecachrome • 16 GP, 21 points, 5e
1999 : BAR-Supertec • 16 GP, 0 point, non-classé
2000 : BAR-Honda • 17 GP, 17 points, 7e
2001 : BAR-Honda • 17 GP, 12 points, 7e
2002 : BAR-Honda • 17 GP, 4 points, 12e

Equipiers en F1

1996 : D. Hill
1997 et 1998 : H.-H. Frentzen
1999 et 2000 : R. Zonta
2001 et 2002 : O. Panis

Le verdict des qualifications 2002 :
Villeneuve 10 / Panis 7

50 QUESTIONS → JACQUES VILLENEUVE

Première voiture conduite ?
Une Fiat Uno. J'avais juste 18 ans et j'avais bousculé un gendarme après avoir grillé un feu.

Véhicule personnel ?
Une Honda S 2000.

Véhicule préféré ou de rêve ?
J'aime les voitures américaines des années soixante.

Voiture de course dont vous gardez le meilleur souvenir ?
La Williams de 1997 avec laquelle j'ai été champion du monde.

Quelle a été votre plus mauvaise voiture ?
La BAR de 1999. C'était un vrai camion…

Meilleur souvenir en course ?
Ma victoire à Indy en 1995 et Jerez en 1997 quand je suis devenu champion du monde.

Le plus mauvais souvenir en course ?
Phoenix en 1994 en Formule Atlantic. J'avais eu un accident et ma voiture était coupée en deux. Il y a aussi le fait de ne pas avoir pu marquer un seul point chez BAR la première année.

Vous rappelez vous le premier GP que vous avez vu à la télévision ?
Aucune idée. J'ai grandi sur les circuits avec mes parents.

Le premier auquel vous avez assisté ?
Je ne me rappelle pas parce que j'étais très jeune à cette époque. C'était probablement la première course de mon père au volant d'une Ferrari. Mais je n'en suis pas sûr. Sinon, c'est au début de la saison 1978.

Votre but en compétition ?
C'est très simple : gagner.

Votre circuit préféré ?
Elkhart Lake aux Etats-Unis.

Le circuit que vous détestez ?
Detroit et je n'affectionne pas Interlagos.

Que vous inspire la disparition de Spa au calendrier ?
C'est triste car c'était l'un des plus beaux circuits. C'est un vrai circuit comme Suzuka. Il suit le paysage et vous sentez que vous allez quelque part… Il y a des virages très pointus à piloter, un peu risqués. Il faut donc se surpasser soi-même et pas seulement la voiture…

Votre pilote préféré dans l'histoire ?
J'avais plein d'idoles quand j'étais enfant. Ce mot aujourd'hui n'a plus vraiment de sens pour moi.

Votre pilote préféré en activité ?
David Coulthard est un bon copain.

Quel a été votre meilleur équipier ?
Olivier Panis.
Si vous étiez directeur d'une écurie, quels pilotes choisiriez-vous ?
Je ne me suis jamais posé la question.
Qu'est ce qui vous passionne dans cette profession ?
Le danger, être sur le fil du rasoir, conduire à la limite.
Qu'est ce qui ne vous plaît pas ?
Je n'aime pas vraiment toute cette politique et l'ego de certains dans le paddock. J'ai l'impression parfois que l'on est dans un jardin d'enfants. Je n'aime pas non plus faire des relations publiques.
Quel est votre moment préféré d'un Grand Prix ?
Et bien, si vous êtes en tête de la course, le meilleur moment d'un Grand Prix est l'arrivée parce que vous avez gagné.
Montez-vous toujours du même côté dans votre voiture ?
Je monte presque toujours du même côté. C'est principalement parce que les mécaniciens sont de l'autre côté. C'est juste une question pratique et de routine. Il n'y a pas de superstition en rapport avec ça.
Avez-vous songé à votre reconversion ?
J'aimerais avoir des enfants.
Plat préféré ?
Les pâtes.
Plat détesté ?
J'ai horreur des plats épicés et des oignons.
Boisson préférée ?
Le lait et la Root Beer.
Aimez-vous l'alcool ?
J'ai du plaisir à boire un verre de vin rouge ou de bière. Une fois de temps en temps, je prends un cocktail dans une soirée.
Avez-vous déjà fumé ?
Non.

Sports pratiqués ?
Je suis un malade de ski. Je fais pas mal de roller et une bonne préparation physique.
Sports préférés ?
Le ski alpin et le hockey sur glace.
Quel est votre sportif préféré ?
Les gens qui prennent des risques comme les descendeurs en ski.
Quels sont vos hobbies ou vos centres d'intérêt en dehors du sport ?
Jouer de la guitare, écrire et écouter de la musique. Je me passionne aussi pour tout ce qui est électronique.
Films préférés ?
Mes films préférés sont Austin Powers, Pulp Fiction et Moulin Rouge.
Acteurs préférés ?
J'aime bien Val Kilmer, Christian Slater et Meg Ryan.
Que regardez-vous à la télévision ?
La chaîne musicale MTV et les clips vidéos.
Quel type de musique aimez-vous ?
La musique acoustique pop/rock principalement. En ce moment, j'aime bien Semisonic, Taxi Ride et Lilac Time.
Lectures préférées ?
J'adore lire, en particulier les livres de science fiction. Dernièrement, j'ai lu Castle Roogna de Anthony Piers.
Couleur préférée ?
Si j'avais à choisir une couleur, je dirais le bleu, mais je n'ai vraiment de couleurs favorites.
Quel est l'endroit où vous préférez prendre des vacances ?
A Villars, dans les montagnes suisses en hiver. J'aimerais bien aller en Méditerranée sur mon bateau en été, mais comme les vacances de la F1 sont en novembre, ce n'est pas la saison idéale pour ça...
Votre ville préférée pour faire du shopping ?
Je n'aime pas le shopping, sauf pour acheter des disques et des livres.
Que collectionnez-vous ?
Tout ce qui concerne la musique et les ordinateurs.
Avez-vous des animaux ?
J'ai un chat qui s'appelle Eartha Kitten.
En dehors du sport automobile, qui admirez-vous ?
Personne en particulier.
Si vous partiez dans une île déserte, qu'emporteriez-vous ?
Je n'aimerais pas être seul...
Une journée idéale ?
Prendre un bon petit-déjeuner, être au soleil, se relaxer, se faire un bon repas qui s'éternise, prendre un bon café, bref le farniente...
Quel a été le plus beau jour de votre vie ?
J'espère que le plus beau jour de ma vie reste à venir.
Qu'est ce qui vous fait le plus rire dans la vie ?
L'humour noir, la satire. J'aime les films comme Austin Powers et les dessins animés comme Beavis et Butthead.

Si vous n'aviez pas été pilote, qu'auriez-vous fait ?
J'aurais sans doute fait de la musique. Mais il aurait fallu que je progresse pour gagner ma vie. Sinon, j'aurais fait du ski.
Dans la vie, qu'est ce qui est le plus important pour vous ?
Etre heureux.
Quelles sont vos principales qualités ?
J'aime être moi-même.
Avez-vous des défauts ?
Je suis égoïste et très désordonné.

BAR HONDA

Après d'excellents débuts chez Williams en 2000, Jenson Button est vite devenu un phénomène de société en Angleterre. Un peu déstabilisé par la Buttonmania, le jeune pilote a eu du mal à faire face à cette nouvelle gloire venue trop vite. Il a retrouvé l'an passé ses marques lors de sa seconde année chez Renault. Le " golden boy " , malgré d'excellents résultats a laissé sa place à Fernando Alonso, l'un des protégés de Flavio Briatore . Il poursuit cette année sa carrière chez BAR aux côtés de Jacques Villeneuve. Dès les premiers essais des deux équipiers à Jerez en décembre, le Québécois s'est montré très agressif envers son cadet. Dans cet environnement difficile, Jenson Button ne peut pas se permettre de faire de la figuration. Face à ce vieux requin de Villeneuve, la tâche qu'il attend ne sera pas aisée. A Melbourne, les relations entre les deux pilotes semblaient être au beau fixe. David Richards a-il joué le rôle de médiateur avant le début des hostilités ?

Jenson Button

Date et lieu de naissance : 19 janvier 1980 à Frome (Grande-Bretagne)
Nationalité : Britannique
Lieu de résidence : Monte-Carlo
Situation familiale : Fiancé avec Louise
Taille : 1,81 m
Poids : 72 kg

Internet : www.racecar.co.uk/jensonbutton/

JENSON BUTTON

Titres obtenus

- 1993, 1994, 1995, 1996, 1997 et 1998 : Champion de Grande-Bretagne et une fois d'Italie de kart.
- 1998 : Champion de Grande-Bretagne de F. Ford.

En bref ...

Débuts en compétition : 1993 (kart)
Débuts en GP : Australie 2000 (Williams-BMW)

- 51 Grands Prix disputés
- 28 points marqués
- Moyenne de points par GP : 0,54
- 0 podium
- 0 victoire
- 3 fois 4ᵉ
- 8 fois 5ᵉ
- 3 fois 6ᵉ
- 0 pole-position
- 0 meilleur tour
- 0 kilomètre en tête
- 0 tour en tête

Palmarès en F1

Meilleur classement en F1 : 7ᵉ en 2002, (Renault)
Meilleur résultat en F1 : 4ᵉ (Allemagne 2000, Malaisie et Brésil 2002)
Meilleure qualification en F1 : 3ᵉ (Belgique 2000)

2000 : Williams-BMW • 17 GP, 12 points, 8ᵉ
2001 : Benetton-Renault • 17 GP, 2 points, 17ᵉ
2002 : Renault • 17 GP, 14 points, 7ᵉ

Equipiers en F1

2000 : R. Schumacher
2001 : G. Fisichella
2002 : J. Trulli

Le verdict des qualifications 2002 :
Button 5 / Trulli 12

50 QUESTIONS → JENSON BUTTON

Première voiture conduite ?
Une Audi à l'âge de huit ans sur une piste d'aéroport désaffecté.
Véhicule personnel ?
Par contrat, je dois rouler avec des Honda.
Véhicule préféré ou de rêve ?
J'aime bien la Chevrolet Corvette Stingray de 1963.
Voiture de course dont vous gardez le meilleur souvenir ?
La Formule 3 de 1999.
Quelle a été votre plus mauvaise voiture ?
Je n'ai vraiment jamais eu de mauvaises voitures.
Meilleur souvenir en course ?
En 2000, ma troisième place sur la grille à Spa.
Le plus mauvais souvenir en course ?
J'ai perdu un championnat du monde de kart pour une poignée de seconde.
En 2000, à Spa, j'ai été très déçu de ma cinquième place alors que j'étais troisième sur la grille. J'ai regretté de ne pas monter sur le podium.
Vous rappelez vous le premier GP que vous avez vu à la télévision ?
Je devais avoir quatre ou cinq ans.
Le premier auquel vous avez assisté ?
Je devais avoir quatorze ans et c'était à Silverstone.
Votre but en compétition ?
Devenir champion du monde.
Votre circuit préféré ?
La version Grand Prix de Silverstone.
Le circuit que vous détestez ?
Imola car je n'ai jamais eu de chance là-bas.
Que vous inspire la disparition de Spa au calendrier ?
Je suis très déçu. J'adore ce circuit.
Votre pilote préféré dans l'histoire ?
Ayrton Senna et Alain Prost.
Votre pilote préféré en activité ?
J'ai du respect pour Michael Schumacher.
Quel a été votre meilleur équipier ?
Giancarlo Fisichella.
Si vous étiez directeur d'une écurie, quels pilotes choisiriez-vous ?
Jacques Villeneuve et moi-même…
Qu'est ce qui vous passionne dans cette profession ?
La sensation de vitesse, l'esprit de compétition et de partager la vie d'une équipe.
Qu'est ce qui ne vous plait pas ?
On passe d'une course à l'autre d'un héros à un zéro.

Quel est votre moment préféré d'un Grand Prix ?
Le départ.
Montez-vous toujours du même côté dans votre voiture ?
Oui, mais je ne suis absolument pas superstitieux.
Avez-vous songé à votre reconversion ?
Rester dans le monde de la course. C'est ma vie.
Plat préféré ?
Les pâtes.
Plat détesté ?
La nourriture trop grasse.
Boisson préférée ?
Le jus d'orange.
Aimez-vous l'alcool ?
J'apprécie les bons vins et je commence à les reconnaître.
Avez-vous déjà fumé ?
Je n'ai jamais fumé.
Sports pratiqués ?
La natation, le bodyboard, le vélo sous toutes ses formes et le surf.
Sports préférés ?
Les grands matches de football et de VTT.
Quel est votre sportif préféré ?
J'aime bien le footballeur Michael Owen.
Quels sont vos hobbies ou vos centres d'intérêt en dehors du sport ?
Surfer sur Internet. J'aime bien aussi les jeux d'ordinateurs et faire du shopping avec ma fiancée Louise.

Films préférés ?
" Out in 60 seconds ". J'ai beaucoup aimé.
Acteurs préférés ?
J'aime bien Julia Roberts....
Que regardez-vous à la télévision ?
Je ne regarde que les reportages sportifs.
Quel type de musique aimez-vous ?
Tout ce qui a un bon rythme.
Lectures préférées ?
Je ne lis jamais de livres. Je ne lis que des revues de sport automobile.
Couleur préférée ?
Le noir.
Quel est l'endroit où vous préférez prendre des vacances ?
J'adore Cancun au Mexique. Les plages sont magnifiques.
Votre ville préférée pour faire du shopping ?
Sloane Street à Chelsea dans Londres.
Que collectionnez-vous ?
J'aime bien les vêtements et les voitures.
Avez-vous des animaux ?
J'aime bien les chiens. J'en ai eu un récemment et je voudrais en avoir un autre quand j'aurais plus de temps.
En dehors du sport automobile, qui admirez-vous ?
Mon père et Britney Spears.
Si vous partiez dans une île déserte, qu'emporteriez-vous ?
Ma petite amie, un bateau et des revues de sport automobile.
Une journée idéale ?
Faire du shopping avec Louise, être tranquille à Monaco.
Quel a été le plus beau jour de votre vie ?
Le jour où je suis né.
Qu'est ce qui vous fait le plus rire dans la vie ?
La Formule 1 car il y a une multitude de choses folles à essayer.
Si vous n'aviez pas été pilote, qu'auriez-vous fait ?
J'aurais aimé être producteur de cinéma.

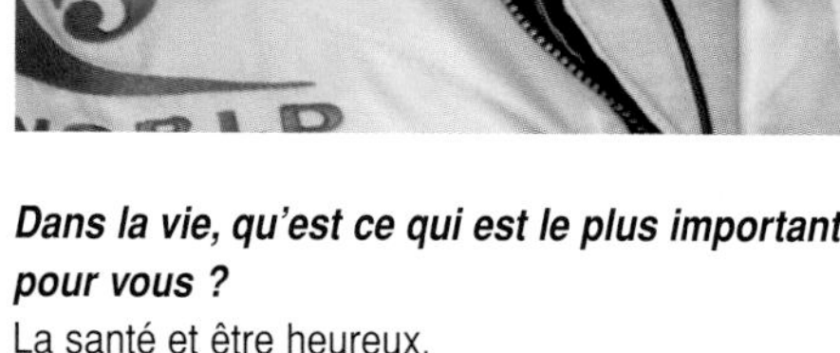

Dans la vie, qu'est ce qui est le plus important pour vous ?
La santé et être heureux.
Quelles sont vos principales qualités ?
Je suis assez relax et je n'aime pas juger les autres.
Avez-vous des défauts ?
J'aime trop la course.

MINARDI COSWORTH

Contre vents et marées, le Petit Poucet de la F1 tient la barre et poursuit son cap. Bénéficiant du fameux fond de soutien mis au point par Bernie sur les droits de télévision, Paul Stoddart continue son aventure en F1. Les observateurs éclairés n'hésitent pas à dire que Minardi dispose cette année de ses meilleures armes malgré un hiver incertain.

L'homme d'affaires australien a cassé sa tirelire pour équiper ses voitures d'un bon moteur Ford identique à celui de Jordan. Il s'est même offert le luxe de choisir ses pilotes, évitant le piège de la plus grosse valise de dollars. Son équipe composée de l'expérimenté Jos Verstappen et le brillant Justin Wilson a de l'allure. L'intersaison n'a pourtant pas été de tout repos. En début du mois de février, l'équipe a été contraint d'effectuer une séance d'essais à Valence en utilisant des pneus slicks Avon de F3000 pour des raisons financières et contractuelles avec Bridgestone. Heureusement, une solution raisonnable a été trouvée par la suite.

Pour d'évidentes raisons budgétaires, les Minardi ont choisi de disputer les essais libres du vendredi matin. La nouvelle réglementation en matière de points devrait permettre à cette sympathique équipe d'être récompensée de ses efforts en quelques occasions. Elle le mérite vraiment.

Châssis: Minardi PS03

Moteur: V10 Ford Cosworth CR-3 (72°)

Pneus: Bridgestone

European Minardi Cosworth

Adresse : Minardi Team SpA
Via Spallanzani, 21
48018 Faenza (RA)
Italie

Tel : +39-0546.696.111
Fax : +39-0546-620.998

Internet : www.minardi.it

Directeur général : Paul Stoddart
Directeur technique : Gabriele Tredozi
Nombre d'employés : 160

Ecurie fondée en 1974
Débuts en GP : Brésil 1985
Nombre de GP disputés : 287

Nombre de victoires : 0
Meilleur résultat en GP : 4e (2 fois)

Nombre de pole-positions : 0
Meilleur résultat en qualification : 2e (1 fois)

Nombre de meilleurs tours : 0

Premiers points : Etats-Unis Est 1988 (Martini, 6e)
Nombre de points marqués : 30
Moyenne de points par course : 0,10

Nombre de podiums : 0

Meilleure position au championnat du monde des constructeurs :
7e en 1991.
Meilleure position au championnat du monde des pilotes :
7e en 1991 (P. Martini).

Pilote d'essais : Matteo Bobbi (Italie).
Serguey Zlobin (Russie).

Les +

- Moteur Ford.
- Bons pilotes.
- Equipe dynamique et motivée.

La saison 2002 en bref…

- 9e au championnat des constructeurs.
- Meilleur résultat : 5e (Webber > Australie).
- Meilleure qualification : 18e (Webber > Australie, France et Etats-Unis).
- 2 points marqués (Webber 2).
- 16 Grands Prix terminés sur 29 disputés (Webber 11, Yoong 5).
- 1 Grand Prix fini dans les points (Webber).
- 3 pilotes alignés (Webber, Yoong et Davidson).

Les —

- Budget insuffisant.
- Inexpérience de Wilson.

Paul Stoddart

Gabriele Tredozi

MINARDI
COSWORTH

La morphologie de Justin Wilson fait plus penser à un basketteur qu'à un pilote de Formule 1. Il n'est pas facile de loger une carcasse de cent quatre-vingt douze centimètres dans un habitacle de Formule 1. Après avoir triomphé en Formule 3000 en 2001, le pilote britannique subit le handicap de sa grande taille. Après des essais Jordan et Minardi, il ne parvient pas à poursuivre sa route. L'an passé, il poursuit sa route en Formule Nissan et songe même à émigrer aux Etats-Unis. Séduit par Paul Stoddart, le propriétaire de Minardi, il réalise son rêve.

Avec son manager Jonathan Palmer, ancien pilote, il a trouvé un moyen original et novateur d'assurer sa participation. Il finance sa présence en vendant des actions à son nom. Pilote rapide et régulier, la nouvelle réglementation et le barème des points peuvent lui permettre de débuter sa carrière de bonne façon.

Toujours souriant, ce garçon timide et réservé peut réaliser de bonnes performances dans la petite famille Minardi.

Justin Wilson

Date et lieu de naissance : 31 juillet 1978 à Sheffield (Grande-Bretagne)
Nationalité : Anglaise
Lieu de résidence : Northampton (Grande-Bretagne)
Situation familiale : Célibataire
Taille : 1,92 m
Poids : 80 kg

Internet : www.justinwilson.co.uk

#18

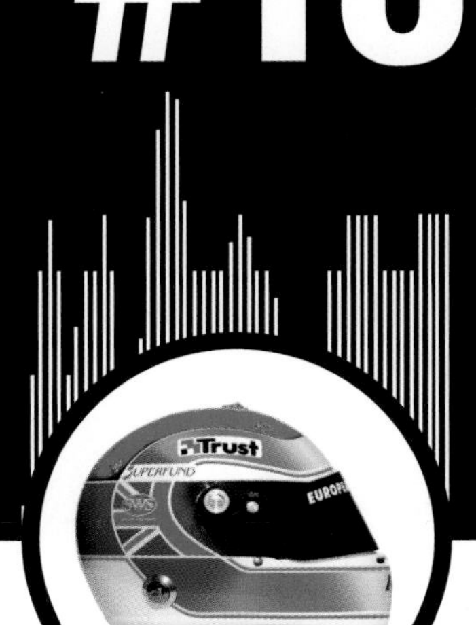

JUSTIN WILSON

Titres obtenus

- 1995 : Champion d'Angleterre de la Challenge Cup de Formule Vauxhall
- 1998 : Champion de Formule Palmer
- 2001 : Champion International de F 3000

En bref ...

Débuts en compétition : 1988 (kart)
Débuts en GP : Australie 2003 (Minardi-Cosworth)

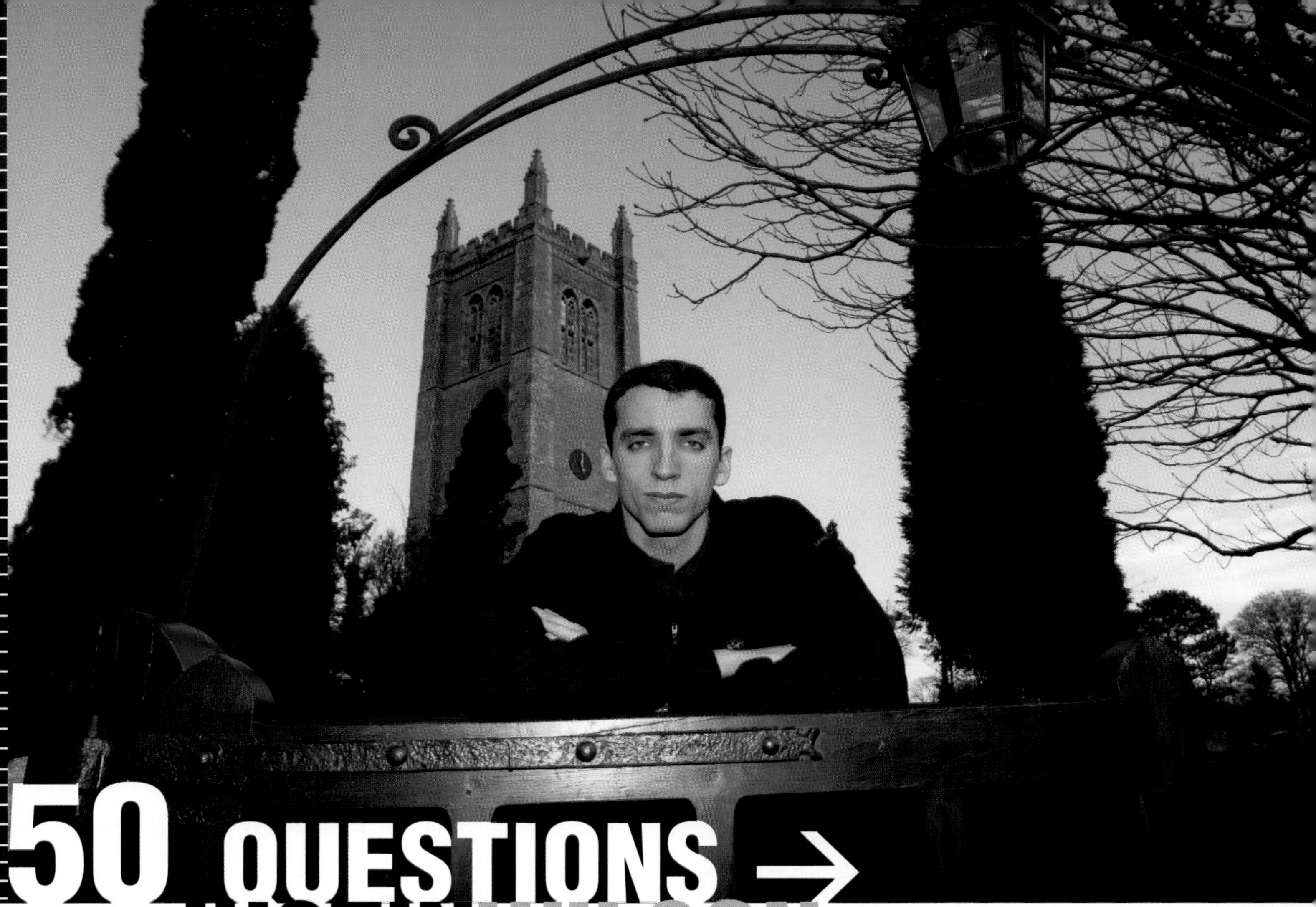

50 QUESTIONS → JUSTIN WILSON

Première voiture conduite ?
Une Peugeot 306 diesel.
Véhicule personnel ?
J'ai pour l'instant une Toyota Celica.
Véhicule préféré ou de rêve ?
Peut-être une Ferrari 360.
Voiture de course dont vous gardez le meilleur souvenir ?
La Lola de F3000 avec laquelle j'ai gagné le titre en 2001.
Quelle a été votre plus mauvaise voiture ?
La Formule Vauxhall de 1997. C'était horrible…
Meilleur souvenir en course ?
Il n'y en pas vraiment un qui me vienne à l'esprit.
Le plus mauvais souvenir en course ?
Je n'en ai pas…
Vous rappelez vous le premier GP que vous avez vu à la télévision ?
Le Grand Prix de Monaco 1984, je crois, avec Senna, Mansell et Prost.
Le premier auquel vous avez assisté ?
Le Grand Prix d'Angleterre 1986 à Brands Hatch..
Votre but en compétition ?
Gagner.
Votre circuit préféré ?
J'aime bien Spa, l'Autriche et Budapest.
Le circuit que vous détestez ?
Je n'en ai pas vraiment.
Que vous inspire la disparition de Spa au calendrier ?
En tant que pilote, je suis déçu.
Votre pilote préféré dans l'histoire ?
Personne en particulier, sauf Senna, Mansell et Prost.
Votre pilote préféré en activité ?
J'aime bien Montoya.
Quel a été votre meilleur équipier ?
Gonzalo Rodriguez en Formule 3000.
Si vous étiez directeur d'une écurie, quels pilotes choisiriez-vous ?
C'est bien une question que je me suis jamais posée.
Qu'est ce qui vous passionne dans cette profession ?
Le pilotage.
Qu'est ce qui ne vous plait pas ?
Il y a trop de politique.
Quel est votre moment préféré d'un Grand Prix ?
Les dépassements. C'est grisant.

Montez-vous toujours du même côté dans votre voiture ?
Toujours par le côté gauche.
Avez-vous songé à votre reconversion ?
Ah non !
Plat préféré ?
Le poulet.
Plat détesté ?
Il n'y a pas vraiment de choses que je n'aime pas.
Boisson préférée ?
Le jus d'orange et l'eau plate.
Aimez-vous l'alcool ?
A la bonne occasion, au bon moment…
Avez-vous déjà fumé ?
Non, jamais.
Sports pratiqués ?
La préparation physique et le cyclisme.
Sports préférés ?
Aucun en particulier ne me passionne.
Quel est votre sportif préféré ?
Les sportifs qui gagnent comme André Agassi en tennis.
Quels sont vos hobbies ou vos centres d'intérêt en dehors du sport ?
Les jeux d'ordinateurs, les hélicoptères radio-commandés et en règle générale, j'aime me servir de mes mains.
Films préférés ?
Le Seigneur des Anneaux 2.
Acteurs préférés ?
Je n'en aime aucun en particulier.
Que regardez-vous à la télévision ?
Les chaînes musicales comme MTV.
Quel type de musique aimez-vous ?
Je peux tout écouter. J'aime bien Coldplay, Travis…
Lectures préférées ?
Les magazines de sport automobile sont mes préférés.

Couleur préférée ?
Je n'en ai pas. Peut-être le noir.
Quel est l'endroit où vous préférez prendre des vacances ?
J'aime beaucoup la Floride et les Etats-Unis en général.
Votre ville préférée pour faire du shopping ?
Cela dépend si ma petite amie est avec moi… J'aime bien aller à Sheffield.
Que collectionnez-vous ?
Rien de spécial.
Avez-vous des animaux ?
Non.
En dehors du sport automobile, qui admirez-vous ?
Comme ça, je ne vois personne en particulier.
Si vous partiez dans une île déserte, qu'emporteriez-vous ?
Un téléphone portable satellite.

Une journée idéale ?
Etre sur un circuit…
Quel a été le plus beau jour de votre vie ?
Le jour de ma signature chez Minardi.
Qu'est ce qui vous fait le plus rire dans la vie ?
Tout me fait rire.
Si vous n'aviez pas été pilote, qu'auriez-vous fait ?
Je n'ai pas d'idée. Je ne voulais pas avoir d'autres options.
Dans la vie, qu'est ce qui est le plus important pour vous ?
Je dirais sans hésitation la santé.
Quelles sont vos principales qualités ?
Je ne sais pas.
Avez-vous des défauts ?
Je suis beaucoup trop grand, c'est terrible.

MINARDI COSWORTH

C'est l'éternel retour. Après de brillants débuts chez Benetton en 1994 aux côtés de Michael Schumacher, Jos Verstappen a eu du mal à rebondir. Après des années pénibles dans des écuries peu fortunées, il devient le pilote d'essais d'Honda qui prépare son retour en Grands Prix. A la fin de l'année 2001, après de bons loyaux services chez Arrows, son contrat n'est pas renouvellé. On croit le batave perdu pour la Formule 1. Comme ses supporters qui brandissent des drapeaux " Jos the Boss " aux quatre coins du monde, il croit encore en son étoile. Opiniâtre, ses efforts vont êtres finalement couronnés de succès. Au mois de janvier, il est engagé par Minardi. Lors des premiers tours de roues de sa nouvelle monoplace à Fiorano, il s'est montré enchanté par les performances du moteur Ford.

Enthousiaste comme à ses débuts, cet homme d'expérience va être un atout pour la petite équipe Minardi. A 31 ans, Jos Verstappen sait qu'il joue cette année son va-tout, son joker. C'est sa dernière carte.

Jos Verstappen

Date et lieu de naissance : 4 mars 1972 à Montford (Pays-Bas)
Nationalité : Hollandaise
Lieu de résidence : Montford (Pays-Bas) et Monte-Carlo
Situation familiale : Marié à Sophie, deux enfants, Max Emilian et Victoria.
Taille : 1,75 m
Poids : 73 kg

Internet : www.verstappen.nl

#19

JOS VERSTAPPEN

Titres obtenus

- 1992 : Champion de Formule Opel Lotus.
- 1993 : Champion d'Allemagne de F3 et Vainqueur du Marlboro Masters de F3 à Zandvoort

En bref ...

Débuts en compétition : 1980 (kart)
Débuts en GP : Brésil 1994 (Benetton)

- 91 Grands Prix disputés
- 17 points marqués
- Moyenne de points par GP : 0,18
- 2 podiums
- 0 victoire
- 2 fois 3e
- 1 fois 4e
- 2 fois 5e
- 2 fois 6e
- 0 pole position
- 0 meilleur tour
- 0 kilomètre en tête
- 0 tour en tête

Palmarès en F1

Meilleur classement au championnat du monde de F1 : 10e en 1994 (Benetton-Ford)
Meilleur résultat en F1 : 3e (Hongrie et Belgique 1994)
Meilleure qualification en F1 : 6e (Belgique 1994)

1994 : Benetton-Ford • 10 GP, 10 points, 10e
1995 : Simtek-Ford • 5 GP, 0 point, non classé
1996 : Arrows-Hart • 16 GP, 1 point, 16e
1997 : Tyrrell-Ford • 17 GP, 0 point, non classé
1998 : Stewart-Ford • 9 GP, 0 point, non classé
2000 : Arrows-Supertec • 17 GP, 5 points, 12e
2001 : Arrows-Asiatech • 17 GP, 1 point, 18e

Equipiers en F1

1994 : M. Schumacher
1995 : M. Schiatarella
1996 : R. Rosset
1997 : M. Salo
1998 : R. Barrichello
2000 : P. de la Rosa
2001 : E. Bernoldi

50 QUESTIONS → JOS VERSTAPPEN

Première voiture conduite ?
Je devais avoir une dizaine d'années.
Véhicule personnel ?
Audi A8 et Porsche Cayenne.
Véhicule préféré ou de rêve ?
J'aime bien les Porsche en général.

Voiture de course dont vous gardez le meilleur souvenir ?
La Benetton de 1994.
Quelle a été votre plus mauvaise voiture ?
La Tyrrell de 1997 était très mauvaise.

Meilleur souvenir en course ?
Il n'est pas encore arrivé…
Le plus mauvais souvenir en course ?
Mon incendie à Hockenheim en 1994.
Vous rappelez vous le premier GP que vous avez vu à la télévision ?
Je devais avoir huit ans. Je faisais déjà du kart.
Le premier auquel vous avez assisté ?
Estoril en 1991.
Votre but en compétition ?
Gagner des Grands Prix.
Votre circuit préféré ?
C'était Spa…
Le circuit que vous détestez ?
Aucun en particulier.
Que vous inspire la disparition de Spa au calendrier ?
Je suis très triste. De plus, mes compatriotes venaient toujours très nombreux à Spa.
Votre pilote préféré dans l'histoire ?
Niki Lauda et Ayrton Senna.
Votre pilote préféré en activité ?
Michael Schumacher est un très bon copain.
Quel a été votre meilleur équipier ?
Michael, bien sûr, mais aussi Salo, Barrichello et De la Rosa.

Si vous étiez directeur d'une écurie, quels pilotes choisiriez-vous ?
Schumacher et moi…

Qu'est ce qui vous passionne dans cette profession ?
La F1 est une magie. On s'en rend compte quand on a plus de voiture.

Qu'est ce qui ne vous plaît pas ?
Il y a trop de politique.

Quel est votre moment préféré d'un Grand Prix ?
Le départ et toutes les phases de la course.

Montez-vous toujours du même côté dans votre voiture ?
Non.

Avez-vous songé à votre reconversion ?
Rester dans le monde de la course et avoir du bon temps.

Plat préféré ?
Les pâtes et la cuisine hollandaise.

Plat détesté ?
Je n'aime pas le poisson.

Boisson préférée ?
Le Coca Cola.

Aimez-vous l'alcool ?
J'aime bien la bière, le vin et le Bacardi. Cela dépend de l'ambiance et le contexte.

Avez-vous déjà fumé ?
Non.

Sports pratiqués ?
Le vélo de route, le squash et la préparation physique.

Sports préférés ?
J'aime aller voir les courses de kart.

Quel est votre sportif préféré ?
Les cyclistes avec en particulier Lance Armstrong.

Quels sont vos hobbies ou vos centres d'intérêt en dehors du sport ?
Jouer avec mes enfants, faire un peu de moto et toujours du kart, ma passion.

Films préférés ?
Les films d'action comme les James Bond.

Acteurs préférés ?
Denzel Washington.

Que regardez-vous à la télévision ?
Je ne suis pas souvent chez moi. Je la regarde à l'hôtel.

Quel type de musique aimez-vous ?
UB 40 et le rock des années 70 mais je n'aime pas le classique ni le hard rock.

Lectures préférées ?
Je n'ai pas le temps de lire.

Couleur préférée ?
Le rouge et le bleu.

Quel est l'endroit où vous préférez prendre des vacances ?
J'aime bien être à Monaco.

Votre ville préférée pour faire du shopping ?
A Hasselt, en Belgique. C'est un super endroit avec de très beaux magasins.

Que collectionnez-vous ?
Je collectionne les belles montres.

Avez-vous des animaux ?
J'ai trois chiens, un labrador, un doberman et un petit caniche.

En dehors du sport automobile, qui admirez-vous ?
Certains hommes politiques.

Si vous partiez dans une île déserte, qu'emporteriez-vous ?
De l'eau, c'est vital pour survivre.

Une journée idéale ?
Avoir bien dormi, faire un bon repas en famille et jouer avec les enfants.

Quel a été le plus beau jour de votre vie ?
La naissance de mes enfants.

Qu'est ce qui vous fait le plus rire dans la vie ?
Les blagues quand je suis avec des amis et qu'il y a une bonne ambiance.

Si vous n'aviez pas été pilote, qu'auriez-vous fait ?
Je ne sais pas.

Dans la vie, qu'est ce qui est le plus important pour vous ?
Etre en bonne santé et bien faire mon travail.

Quelles sont vos principales qualités ?
Je pense être un gars sensible, relax et je ne m'énerve jamais.

Avez-vous des défauts ?
J'en ai malheureusement énormément…

TOYOTA

Toyota n'est pas le genre de constructeur venu dans la fournaise des Grands Prix pour faire de la figuration. Ce n'est pas la politique de la maison. Sans état d'âme, après une année d'apprentissage, les pilotes ont été remerciés. Olivier Panis est le nouvel homme fort de l'équipe. Pour le développement de la voiture, son expérience de la course et un excellent bagage technique vont être essentiels.

Motivé comme jamais, le pilote de Grenoble vit une époque formidable. Il a retrouvé dans sa nouvelle équipe beaucoup de ses anciens collaborateurs et il travaille en pleine confiance.

Il sera épaulé par le champion CART 2002 Cristiano Da Matta. Il peut compter sur les conseils éclairés de son équipier pour apprendre toutes les ficelles du métier. Les moyens du constructeur nippon semblent sans limites. Le potentiel est énorme et l'ambition qui anime l'ensemble des troupes est impressionnante.

On dit que toujours que la deuxième année en Formule 1 est toujours la plus difficile. Toyota a mis tous les atouts dans son jeu pour faire mentir cet adage. Certains directeurs d'écuries n'hésitent même pas à dire que l'écurie japonaise serait l'une des surprises de la saison.

Châssis: Toyota TF103

Moteur: V10 Toyota RVX-03 (90°)

Pneus: Michelin

Panasonic Toyota Racing

Adresse : Toyota Motorsport GmbH
Toyota-Allee 7
50858 Cologne
Allemagne

Tel : +49 (0)2234-182.34.44
Fax : +49 (0)2234-182.337

Internet : www.toyota-f1.com

Directeur général : Ove Andersson
Directeur technique : Gustav Brunner
Nombre d'employés : 580

Ecurie fondée en 1999
Débuts en GP : Australie 2002
Nombre de GP disputés : 17

Nombre de victoires : 0
Meilleur résultat en GP : 6e (Australie, Brésil 2002)

Nombre de pole-positions : 0
Meilleur résultat en qualification : 8e (Gde-Bretagne 2002)

Nombre de meilleurs tours : 0

Premiers points : Australie 2002 (Salo, 6e)
Nombre de points marqués : 2
Moyenne de points par course : 0,11

Nombre de podiums : 0

Meilleure position au championnat du monde des constructeurs : 10e en 2002.
Meilleure position au championnat du monde des pilotes : 17e en 2002 (M. Salo).

Pilote d'essais : Ricardo Zonta (Brésil).

Les +

- Excellent budget.
- Grande expérience de Panis.
- Bon staff technique.
- Equipe motivée.
- Très bonne organisation.

La saison 2002 en bref…

- 10e au championnat des constructeurs.
- Meilleur résultat : 6e (Salo > Australie, Brésil).
- Meilleure qualification : 8e (Salo > Grande-Bretagne).
- 2 points marqués (Salo 2).
- 18 Grands Prix terminés sur 33 disputés (Salo 11, McNish 7).
- 2 Grands Prix finis dans les points (Salo 2).

Les —

- Inexpérience de Da Matta.
- Equipe encore jeune et manquant d'expérience.

Ove Andersson *Gustav Brunner*

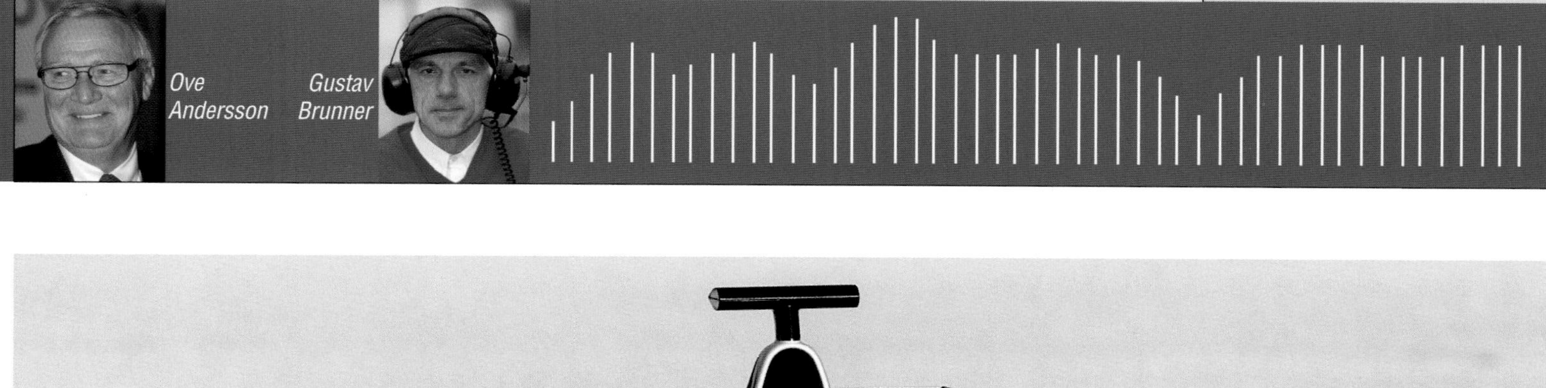

TOYOTA

Confronté deux années à Jacques Villeneuve chez BAR, le pilote français s'est souvent illustré face à l'ancien champion du monde. Sa rapidité, son professionnalisme et son excellent bagage technique ont séduit Toyota. Olivier Panis réalise enfin son rêve et devient un vrai pilote d'usine chez un grand constructeur. Pour sa dixième saison en Formule 1, il va vivre une aventure passionnante. Il garde toujours une motivation de débutant et veut viser les points régulièrement en attendant de pouvoir atteindre des objectifs plus glorieux.

L'équipe Toyota après d'honnêtes débuts l'an passé peut lui permettre de réaliser son dessein. Il est fier de ses nouvelles et importantes responsabilités. Bénéficiant d'un incontestable statut de premier pilote, sa réussite serait une belle récompense.

Olivier Panis

Date et lieu de naissance : 2 septembre 1966 à Lyon (France)
Nationalité : Française
Lieu de résidence : Varces (France)
Situation familiale : Marié à Anne, un fils, Aurélien et deux filles, Caroline et Lauren
Taille : 1,73 m
Poids : 77 kg

Internet : www.olivier-panis.com

#20

OLIVIER PANIS

Titres obtenus

- 1987 : Lauréat du Volant Elf.
- 1989 : Champion de France de Formule Renault.
- 1993 : Champion Intercontinental de F3000.

En bref . . .

Débuts en compétition : 1980 (kart)
Débuts en GP : Brésil 1994 (Ligier-Renault)

- 125 GP disputés
- 64 points marqués
- Moyenne de points par GP : 0,51
- 4 podiums
- 1 victoire (Monaco 1996)
- 3 fois 2e
- 1 fois 3e
- 4 fois 4e
- 6 fois 5e
- 8 fois 6e
- 0 pole-position
- 0 meilleur tour
- 53 Kilomètres en tête
- 16 Tours en tête

Palmarés en F1

Meilleur classement en F1 : 8e en 1995 (Ligier-Mugen Honda)
Meilleur résultat en F1 : 1er (Monaco 1996)
Meilleure qualification en F1 : 3e (Argentine 1997 et France 1999)

1994 : Ligier-Renault • 16 GP, 9 points, 11e
1995 : Ligier-Mugen Honda • 17 GP, 16 points, 8e
1996 : Ligier-Mugen Honda • 16 GP, 13 points, 9e
1997 : Prost-Mugen Honda • 10 GP, 16 points, 9e
1998 : Prost-Peugeot • 16 GP, 0 point, non-classé
1999 : Prost-Peugeot • 16 GP, 2 points, 15e
2001 : BAR-Honda • 17 GP, 5 points, 14e
2002 : BAR-Honda • 17 GP, 3 points, 14e

Equipiers en F1

1994 : E. Bernard, J. Herbert et F. Lagorce
1995 : M. Brundle et A. Suzuki
1996 : P. Diniz
1997 : S. Nakano
1998 et 1999 : J. Trulli
2001 et 2002 : J. Villeneuve

Le verdict des qualifications 2002 :
Panis 7 / Villeneuve 10

50 QUESTIONS → OLIVIER PANIS

Première voiture conduite ?
Une Citroën DS verte.
Véhicule personnel ?
Entre autres, une Toyota Lexus SC 430.
Véhicule préféré ou de rêve ?
J'adore la Lamborghini Diablo.

Voiture de course dont vous gardez le meilleur souvenir ?
La McLaren F1 de 2000.
Quelle a été votre plus mauvaise voiture ?
La Prost F1 de 1988.

Meilleur souvenir en course ?
Ma victoire à Monaco en 1996 et les bons résultats avec la Prost en 1997 avant mon accident de Montréal.
Le plus mauvais souvenir en course ?
Mon accident de Montréal en 1997.
Vous rappelez vous le premier GP que vous avez vu à la télévision ?
Non.
Le premier auquel vous avez assisté ?
Je n'ai jamais assisté à un Grand Prix comme spectateur. Le premier fut le Brésil 1994.
Votre but en compétition ?
Devenir champion du monde de F1.
Votre circuit préféré ?
Spa et le Paul Ricard.
Le circuit que vous détestez ?
Aucun en particulier.
Que vous inspire la disparition de Spa au calendrier ?
C'est dommage. C'était l'un des plus beaux pour les pilotes.
Votre pilote préféré dans l'histoire ?
Ayrton Senna et Alain Prost.

Votre pilote préféré en activité ?
Aucun en particulier.
Quel a été votre meilleur équipier ?
Je dirais Eric Bernard, Jarno Trulli et Jacques Villeneuve.
Si vous étiez directeur d'une écurie, quels pilotes choisiriez-vous ?
C'est bien difficile...
Qu'est ce qui vous passionne dans cette profession ?
J'ai réalisé mon rêve de gosse. J'aime me surpasser avec une machine, être à la limite.
Qu'est ce qui ne vous plait pas ?
Ne pas avoir la meilleure voiture…
Quel est votre moment préféré d'un Grand Prix ?
Pouvoir se battre pour un podium.
Montez-vous toujours du même côté dans votre voiture ?
Je ne suis plus superstitieux depuis mon accident.
Avez-vous songé à votre reconversion ?
Non.
Plat préféré ?
Les pâtes.
Plat détesté ?
Les endives.
Boisson préférée ?
L'eau et le Coca Cola.
Aimez-vous l'alcool ?
Un verre de bon vin rouge de temps en temps.
Avez-vous déjà fumé ?
Oui.
Sports pratiqués ?
Je fais du vélo, du jet ski, du tennis du kart et de la gymnastique.
Sports préférés ?
Le tennis, le vélo et la descente en ski alpin.
Quel est votre sportif préféré ?
Zinédine Zidane et Lance Armstrong.
Quels sont vos hobbies ou vos centres d'intérêt en dehors du sport ?
Ma famille et faire du bateau.
Films préférés ?
J'ai bien aimé Ocean's Eleven avec Brad Pitt. J'aime bien regarder des DVD à la maison.
Acteurs préférés ?
Jean Paul Belmondo.
Que regardez-vous à la télévision ?
Les films et les Guignols de Canal+

Quel type de musique aimez-vous ?
J'aime tous les genres de musiques.
Lectures préférées ?
J'ai du mal à terminer un livre.
Couleur préférée ?
Le bleu.
Quel est l'endroit où vous préférez prendre des vacances ?
J'aime aller où il y a du soleil, comme à Bandol où je fais du bateau.
Votre ville préférée pour faire du shopping ?
Paris et Londres.
Que collectionnez-vous ?
Les voitures sportives anciennes du type Alpine Berlinette.
Avez-vous des animaux ?
J'aimerais bien avoir un chien. J'ai eu beaucoup d'animaux dans mon enfance.
En dehors du sport automobile, qui admirez-vous ?
Mon père et Bernie Ecclestone.
Si vous partiez dans une île déserte, qu'emporteriez-vous ?
Ma famille.
Une journée idéale ?
Se lever en voyant le soleil. Se rendre compte que tout va bien pour ma famille.
Quel a été le plus beau jour de votre vie ?
La naissance de mes enfants.

Qu'est ce qui vous fait le plus rire dans la vie ?
La stupidité de certaines personnes et j'aime bien raconter des blagues. J'adore rire.
Si vous n'aviez pas été pilote, qu'auriez-vous fait ?
J'aurais été la baby -sitter de mes enfants…
Dans la vie, qu'est ce qui est le plus important pour vous ?
L'honnêteté.
Quelles sont vos principales qualités ?
C'est à ma femme et à ma famille de vous le dire.
Avez-vous des défauts ?
J'en ai beaucoup trop.

TOYOTA

La venue de Da Matta a longtemps été l'Arlésienne. Pressenti depuis de longs mois, le pilote brésilien a tardé avant de se jeter dans la gueule du lion. Grand vainqueur du championnat CART 2002, Cristiano Da Matta va t-il marcher sur les traces brillantes de ses aînés Villeneuve et Montoya ou sur celles de Zanardi ou Michael Andrettiqui n'ont jamais trouvé leurs repères en F1 ? C'est en tout cas un sacré challenge et une solution courageuse. Adulé aux Etats-Unis, il est méconnu dans le petit monde de la F1.

Il a tout à apprendre et sa tâche ne sera pas facile. Sa réussite n'en sera que plus méritée. Aux Etats-Unis, Cristiano da Matta ne manquait jamais une occasion de faire une grosse farce dans le paddock.

La Formule 1 est une sacrée dévoreuse d'énergie et la convivialité n'y est pas souvent de mise. Le pilote brésilien aura-il le loisir de faire le boute en train ?

Cristiano Da Matta

Date et lieu de naissance : 19 septembre 1973 à Belo Horizonte (Brésil)
Nationalité : Brésilienne
Lieu de résidence : Monte-Carlo
Situation familiale : Célibataire
Taille : 1,65 m
Poids : 59 kg

Internet : www.damatta.com

CRISTIANO DA MATTA

Titres obtenus
- 1993 : Champion du Brésil de Formule Ford
- 1994 : Champion du Brésil de Formule 3
- 1998 : Champion Indy Lights (Etats-Unis)
- 2002 : Champion CART

En bref ...

Débuts en compétition : 1990 (kart)
Débuts en GP : Australie 2003 (Toyota)

50 QUESTIONS → CRISTIANO DA MATTA

Première voiture conduite ?
Une VW Passat à 14 ans.
Véhicule personnel ?
Je dois avoir des Toyota…
Véhicule préféré ou de rêve ?
Je n'en ai pas.
Voiture de course dont vous gardez le meilleur souvenir ?
La Lola Newman-Haas que je pilotais cette année en CART

Quelle a été votre plus mauvaise voiture ?
La Reynard de F3000 en 1996.
Meilleur souvenir en course ?
Certainement le championnat CART de 2002
Le plus mauvais souvenir en course ?
Ma saison de F 3000 en 1996. je n'étais pas dans une bonne équipe.
Vous rappelez vous le premier GP que vous avez vu à la télévision ?
Non, je ne me rappelle pas précisément.
Le premier auquel vous avez assisté ?
Je crois que c'était à Rio en 1983 ou 1984.
Votre but en compétition ?
Toujours procéder par étapes pour atteindre ses objectifs.
Votre circuit préféré ?
Le circuit routier de Rio et j'aime aussi bien Mugello.
Le circuit que vous détestez ?
Le circuit en ville de Miami. C'est horrible.
Que vous inspire la disparition de Spa au calendrier ?
C'est une décision politique. C'est dommage.
Votre pilote préféré dans l'histoire ?
Aucun en particulier.
Votre pilote préféré en activité ?
J'ai beaucoup d'estime pour Michael Schumacher.
Quel a été votre meilleur équipier ?
En CART, Oriol Servia et Christian Fittipaldi
Si vous étiez directeur d'une écurie, quels pilotes choisiriez-vous ?
Aujourd'hui, je ne voudrais pas être manager d'une équipe.
Qu'est ce qui vous passionne dans cette profession ?
Conduire une voiture de course en compétition.

Qu'est ce qui ne vous plaît pas ?
Etre loin du Brésil…
Quel est votre moment préféré d'un Grand Prix ?
Le départ d'une course est toujours très excitant.
Montez-vous toujours du même côté dans votre voiture ?
Oui, c'est toujours du côté droit, mais je ne sais pas pourquoi.
Avez-vous songé à votre reconversion ?
Je ferais des courses de vélo, du triathlon et je ferais partie d'un orchestre de rock'n roll.
Plat préféré ?
Tous les genres de la cuisine brésilienne.
Plat détesté ?
Je n'aime pas la cuisine épicée.
Boisson préférée ?
Le jus d'orange.
Aimez-vous l'alcool ?
Non, pas beaucoup. Je n'ai même jamais essayé la caipirinha, la boisson locale brésilienne.
Avez-vous déjà fumé ?
Jamais.
Sports pratiqués ?
Tous les types de vélo et la natation.
Sports préférés ?
Les grandes courses cyclistes,le football et le moto cross.
Quel est votre sportif préféré ?
Le cycliste Lance Armstrong.
Quels sont vos hobbies ou vos centres d'intérêt en dehors du sport ?
En dehors du sport, j'adore jouer et écouter de la musique.
Films préférés ?
Austin Powers.
Acteurs préférés ?
Tom Hanks pour les acteurs. Pour les actrices, c'est plus difficile…
Je suis trop attiré par leur physique.
Que regardez-vous à la télévision ?
Je ne regarde pas la télé sauf quelques reportages sportifs.
Quel type de musique aimez-vous ?
Le rock, le blues et le jazz. Je déteste la country music.
Lectures préférées ?
J'aime les livres qui racontent par exemple aucun e les expéditions sur l'Everest ou l'aventure de ce type brésilien qui a traversé l'Atlantique à la rame.
Couleur préférée ?
Le bleu.
Quel est l'endroit où vous préférez prendre des vacances ?
Etre chez moi au Brésil.
Votre ville préférée pour faire du shopping ?
Aucun endroit en particulier.
Que collectionnez-vous ?
La musique est une passion. J'ai 14 guitares…
Avez-vous des animaux ?
Non, mais mon frère en a deux qui sont presque les miens.
En dehors du sport automobile, qui admirez-vous ?
J'ai beaucoup d'admiration pour le cycliste Lance Armstrong.
Si vous partiez dans une île déserte, qu'emporteriez-vous ?
Un VTT.
Une journée idéale ?
Me lever à 9 heures, aller faire une bonne balade en VTT dans les montagnes, puis dormir, faire un bon repas, passer du temps avec ma petite amie, me coucher et recommencer le lendemain…
Quel a été le plus beau jour de votre vie ?
Je ne sais pas.
Qu'est ce qui vous fait le plus rire dans la vie ?
Chaque jour est drôle.
Si vous n'aviez pas été pilote, qu'auriez-vous fait ?
J'aurais joué de la guitare, mon autre passion.
Dans la vie, qu'est ce qui est le plus important pour vous ?
Etre en bonne santé.
Quelles sont vos principales qualités ?
Je ne sais pas.
Avez-vous des défauts ?
J'en ai beaucoup…

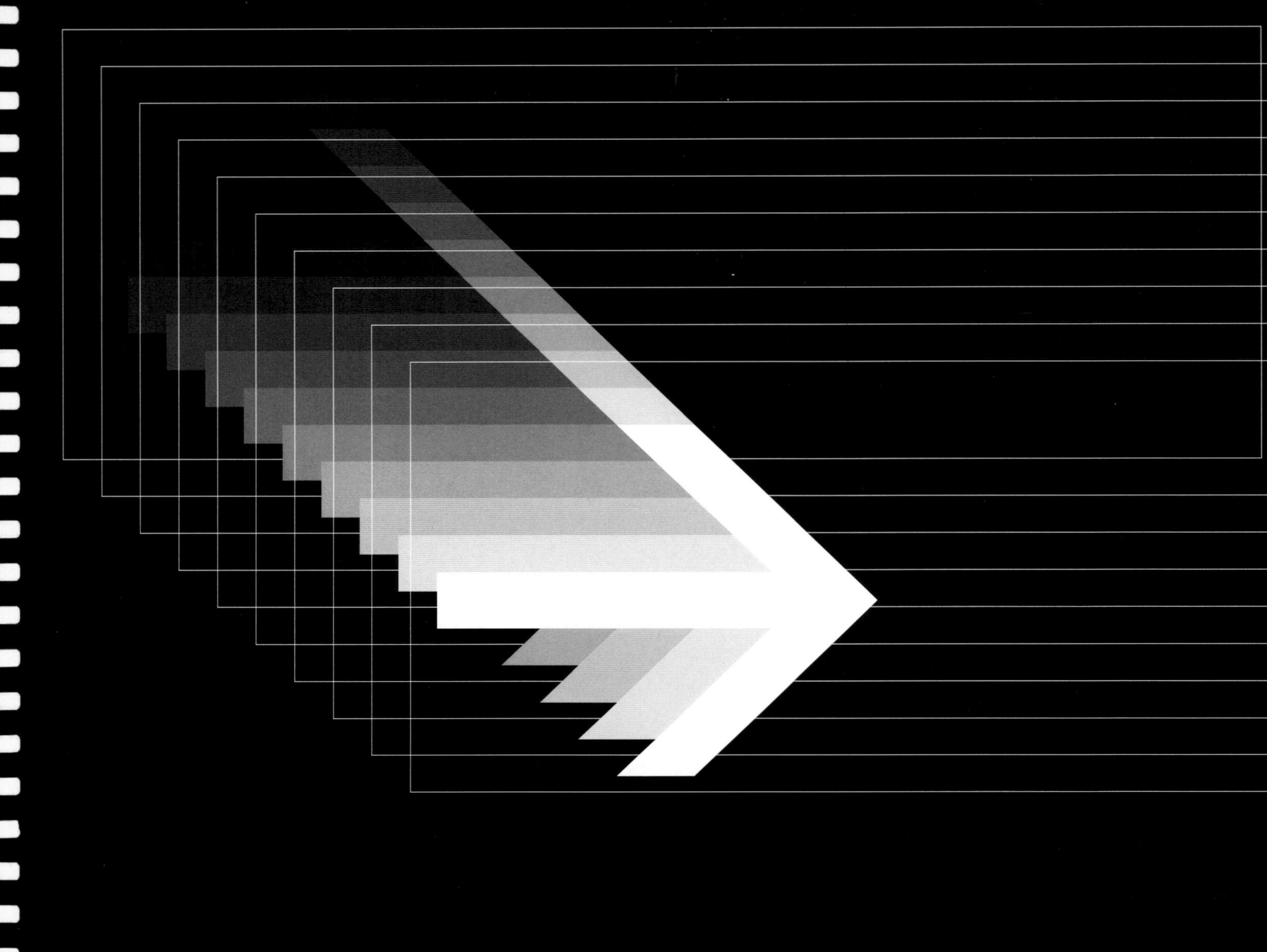

Maga

Jean-François Galeron

zines

CE QUI CHANGE → EN 2003

Y avait-il le feu dans la bergerie ? En 2002, Schumacher et Ferrari dominent les débats de la tête et des épaules. Le spectateur s'est lassé de ces processions qui se répètaient tous les quinze jours. A plusieurs reprises, l'état-major de la Scuderia est intervenu de façon maladroite pour modifier l'ordre de ses voitures à l'approche du drapeau à damier. Ces manœuvres ne sont pas du goût du public et des passionnés. Dans un premier temps, la Fédération Internationale a fait la sourde oreille à la critique. Mais, hélas, les chiffres sont là. La baisse sensible de l'audience télévisée dans le monde entier a entraîné celles des recettes publicitaires. L'engouement de la Formule 1 s'est étiolé en quelques mois. Enfin, en un an, deux nouvelles écuries ont quitté la scène, incapables de suivre cette fuite en avant permanente. Comment stopper l'hémorragie ?

Le législateur a décidé de prendre le taureau par les cornes. Au mois de janvier, Max Mosley et Bernie Ecclestone sont montés au créneau. Il fallait tirer le signal d'alarme. La conjoncture économique n'est pas favorable et ne facilite pas la recherche de nouveaux partenaires pour pallier le départ de certains. Un plan d'économies drastiques est dévoilé unilatéralement pour redonner de l'air à cette discipline au bord de l'étouffement. La suppression des aides électroniques et des contraintes techniques de plus en plus sévères doit permettre à la Formule 1 de repartir sur de nouvelles bases saines. L'intérêt des courses devrait aussi s'en ressentir.

De façon paradoxale, les instances fédérales envisagent même d'accueillir des écuries privées pour peupler les grilles de départ. Pendant des années, Bernie Ecclestone s'est battu énergiquement pour rayer de la carte les petites équipes. Au début des années 90, trente-neuf voitures se présentaient à chaque Grand Prix pour tenter de participer. Un peu plus de dix ans plus tard, on en dénombre seulement vingt. Pour faciliter la venue de nouveaux participants, on parle même de supprimer la fameuse caution de 48 millions d'euros, le droit d'entrée en F1…

Mais, tout cela est une autre histoire. Voyons donc concrètement les nouveautés du printemps 2003.

Sur le plan technique

Surveillance des liaisons radio-contrôlées.

Après avoir envisagé la suppression pure et simple des liaisons radio entre le stand et la voiture, elles sont finalement maintenues et la disposition des commissaires et des télévisions.
D'autre part, le cryptage est maintenant interdit.

Possibilité pour les manufacturiers de pneus de fournir des gommes différentes à chacune de leurs équipes.

Cela va permettre d'élaborer des pneumatiques mieux adaptés aux caractéristiques de chaque équipe. Par contre, en cas de pluie, un seul type sera proposé.

Télémétrie interdite entre le stand et la voiture.

Pour éviter tous types de manipulation depuis les stands pour favoriser l'une ou l'autre voiture ou pour modifier certains réglages en cours d'épreuve, le législateur a décidé d'interdire ce système. Le spectre des voitures téléguidées depuis le muret des stands s'évanouit. Le pilote redevient le seul maître à bord.

Les voitures de réserve sont interdites, sauf cas de force majeure.

Après l'accord des commissaires, la voiture de réserve ne saura autorisée qu'en cas de réparation impossible dans l'enceinte du circuit.

Interventions très limitées et réglementées entre la séance de qualification du samedi et la course.

Toutes les opérations sur les voitures sont désormais opérées sous le contrôle des commissaires de la FIA. Dès la fin de la séance de qualification du samedi, après un petit parc fermé où des interventions succinctes sont tolérées, les voitures retournent dans leurs garages.
Les équipes peuvent alors procéder à des contrôles techniques toujours sous l'œil d'un commissaire.
A18 heures, les voitures sont mises en parc fermé général où toute intervention est rigoureusement interdite.
Le dimanche matin, à 8 heures, les monoplaces retournent dans leurs stands. Jusqu'à la course, les opérations sont encore réglementées et surveillées.

Sur le plan sportif

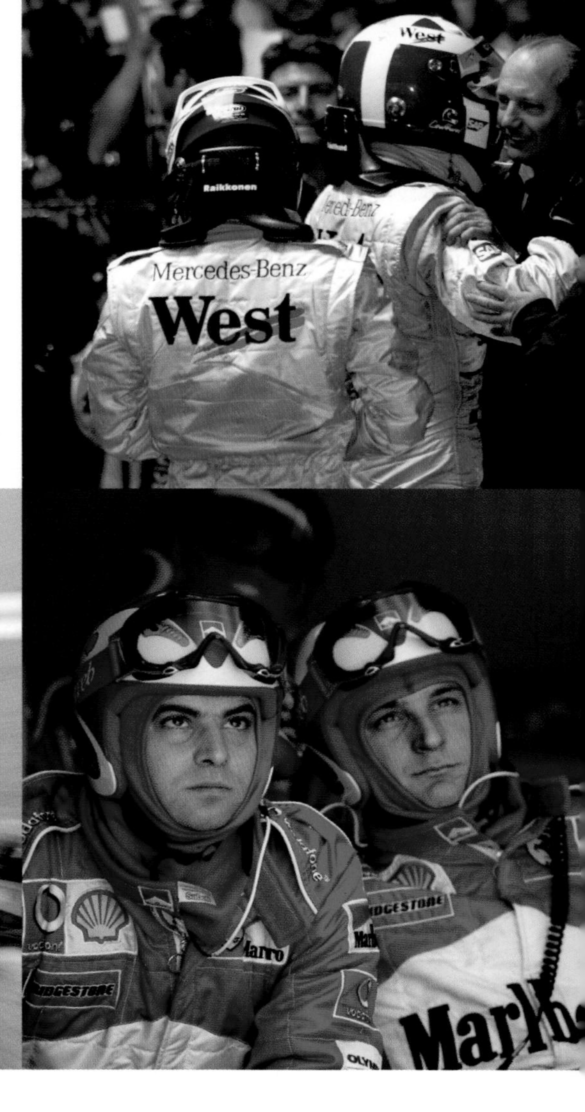

Modification du système de qualification.

En 2003, nous assistons à un bouleversement du système des qualifications qui se dérouleront lors de la séance du vendredi et samedi après-midi. Le vendredi, sur un tour lancé les pilotes vont définir leur ordre de passage pour le lendemain. Le premier de la séance s'élançant en dernier le samedi. Le risque d'une météorologie capricieuse n'entre pas en ligne de compte. Des surprises sont à prévoir. C'est justement ce qui a fait défaut ces derniers temps…

Modification de l'attribution des points.

Désormais, les huit premiers du classement marquent des points au lieu de six précédemment. Le barème est le suivant : 10 points au premier, 8 au second, 6 au troisième puis respectivement 5, 4, 3,2 et 1 aux suivants. Auparavant, le barème était de 10, 6, 4, 3, 2 et 1.Cette nouvelle attribution est destinée à permettre aux petites écuries d'envisager de marquer des points à certaines occasions, une éventualité presque fictive dans le passé. D'autre part, le législateur qui jadis voulait valoriser le prix d'une victoire en passant de 9 à 10 points a décidé de limiter l'écart entre une victoire et une seconde place.

Nouvelle réglementation des essais privés.

Toujours dans le souci de limiter les frais, la FIA a décidé de réglementer les essais privés. Cette année, elle a proposé dix jours d'essais à deux voitures ou vingt à une seule voiture pendant la saison et en plus deux heures d'essais chaque vendredi matin de chaque Grand Prix pour trois pilotes et trois voitures. Quatre écuries, pour des raisons financières ont opté pour cette solution. Il s'agit de Minardi, Jordan, Jaguar et Renault. Le constructeur français a choisi cette option pour se donner un avantage sur le choix des pneumatiques. Malheureusement, les manufacturiers de pneus se sont entendu pour ne proposer que deux types de pneus par épreuve. Le seul intérêt qui demeure est celui de la mise au point supplémentaire de ce vendredi matin.

Interdiction des consignes d'écuries.

A la suite des abus de 2002, les consignes d'équipes sont interdites. Les liaisons radio surveillées devraient permettre le bon déroulement sportif des Grands Prix. Le meilleur en principe devrait gagner.

Introduction du procédé de délation.

C'est le Far West… Un système de prime à 1 million d'euros a été crée pour instaurer une Formule 1 propre. Les tricheurs seront traqués. En espérant que les chasseurs de primes, tels les Dalton ne se multiplient pas et provoquent un climat de suspicion. La Formule 1 n'en a pas besoin. Un boîtier électronique de la FIA devrait parer à toutes les velléités de filouterie.

Nouveaux horaires

Voici la nouvelle grille des horaires d'un Grand Prix :

Vendredi :

8h30 à 10h30. Essais privés (Renault, Jordan, Jaguar et Minardi)
11h à 12h. Première séance d'essais libres
14h à 15h. Première séance de qualification avec détermination du passage pour la séance du samedi. (1 tour lancé)

Samedi :

9h à 9h45. Deuxième séance d'essais libres
-10h15 à 11h. Troisième séance d'essais libres
-13h30 à 13h45. Warm-up
-14h à 15h. Deuxième séance de qualification avec détermination de la grille de départ. (1 tour lancé)

Dimanche :

14h : départ du Grand Prix. (Australie et en Europe) 13h au Brésil, Canada et Etats-Unis, 14h30 au Japon et 15h en Malaisie,

Sur le plan humain

Les pilotes

Les transferts :

Jenson Button de Renault à BAR
Heinz-Harald Frentzen de Arrows à Sauber
Felipe Massa de Sauber à Ferrari (pilote d'essais)
Allan McNish de Toyota à Renault (pilote d'essais)
Olivier Panis de BAR à Toyota
Takuma Sato de Jordan à BAR (pilote d'essais)
Mark Webber de Minardi à Jaguar

Les départs :

Enrique Bernoldi de Arrows à Formule Nissan ?
Luciano Burti de Ferrari (pilote d'essais) à Formule Nissan
James Courtney de Jaguar (pilote d'essais) à F3 Japon
Eddie Irvine de Jaguar
Patrick Lemarié de BAR (pilote d'essais) au Champ Car (EtatsUnis)
André Lotterer de Jaguar (pilote d'essais)
Darren Manning de BAR (pilote d'essais) au Champ Car (EtatsUnis)
Pedro de la Rosa de Jaguar
Mika Salo de Toyota à Endurance (Audi)
Alex Yoong de Minardi

Les arrivées :

Cristiano Da Matta de CART (Champion 2002) à Toyota
Ralf Firman de Formule Nippon (champion 2002) à Jordan
Franck Montagny de Formule Nissan à Renault (pilote d'essais)
Antonio Pizzonia de F 3000 à Jaguar
Justin Wilson de Formule Nissan à Minardi

Les retours :

Fernando Alonso de Minardi en 2001à Renault (de pilote d'essais en 2002 à titulaire)
Olivier Beretta d'endurance (Oreca) à Williams (pilote d'essais)
Jos Verstappen de Arrows en 2001 à Minardi
Ricardo Zonta de Formule Nissan (Champion 2002) à Toyota (pilote d'essais)

Les arrivées :

John Howett	Toyota
David Pitchforth	Jaguar
Ian Pocock	Jaguar
Tony Purnell	Ford

Les retours :

Bernard Dudot	de Nissan USA à Renault
John Hogan	de Philip Morris à Jaguar

Les mouvements dans les équipes

Les principaux transferts :

Ben Agathangelou	de Renault à Jaguar
Mike Coughlan	de Arrows à McLaren
John Davies	de Minardi à Williams
Vincent Gaillardot	de Jaguar à Toyota
Werner Laurentz	de BMW (Williams) à Ilmor (McLaren)
Malcolm Oastler	de BAR à Jaguar
Nicolo Petrucci	de Arrows à Jordan
John Sutton	de Ferrari à McLaren

Les départs :

Trevor Foster	de Jordan
Eghbal Hamidy	de Jordan
Tim Galloway	de Jordan
Niki Lauda	de Jaguar
Rupert Manwaring	de Minardi à Lola (constructeur)
Leo Ress	de Sauber
Tom Walkinshaw	de Arrows

Général

La disparition de l'équipe Arrows.
La disparition du motoriste Asiatech.
Le passage de Jordan de Honda à Ford Cosworth.
Le passage de Minardi du Ford client au Ford Cosworth.
Le passage de Minardi de Michelin à Bridgestone.

LE SAVIEZ-VOUS →

Qui peut le +, peut le -

Le plus court circuit où s'est disputé un Grand Prix?
Long Beach, aux Etats-Unis, en 1976 (2,220 km).

Le plus long circuit où s'est disputé un Grand Prix?
Pescara, en Italie, en 1957 (25,838 km).

Le Grand Prix le plus long en distance?
Les 500 Miles d'Indianapolis (804,6 km) dans les années 50.

Le Grand Prix le plus long en durée?
Indianapolis en 1951 (3h57'38").

Le Grand Prix le plus court en durée?
Adélaïde, en Australie, en 1991 (24'34"899)

Le Grand Prix le plus court en distance?
Adélaïde, en Australie, en 1991 (52,920 km).

Le Grand Prix de 2002 le plus court en distance?
Monaco (262,860 km).

Le Grand Prix 2002 le plus long en distance?
Suzuka, au Japon (308,317 km).

La moyenne la plus élevée en pole-position?
Juan Pablo Montoya, à Monza, en 2002 (259,827 km/h).

La moyenne la plus élevée en Grand Prix?
Damon Hill, à Monza, en 1993 (249,835 km/h).

Le plus grand écart entre les deux premiers à l'arrivée d'un Grand Prix ?
2 tours au Grand Prix d'Espagne 1969, entre Jackie Stewart et Bruce McLaren, et au Grand Prix d'Australie 1995, entre Damon Hill et Olivier Panis.

Le plus petit écart entre les deux premiers à l'arrivée d'un Grand Prix ?
10 millièmes de seconde entre Peter Gethin et Ronnie Peterson, à Monza, en 1971.

Le plus grand nombre de partants lors d'un Grand Prix?
34, en Allemagne 1953 (Nürburgring).

Le plus petit nombre de partants lors d'un Grand Prix?
13, en Espagne 1968 (Jarama).

Le plus grand nombre de classés lors d'un Grand Prix?
22, en Grande-Bretagne 1952 (Silverstone).

Le plus petit nombre de classés lors d'un Grand Prix?
4, à Monaco en 1966.

Le circuit le plus utilisé en Grand Prix?
Monza, 52 fois.

Le plus jeune pilote au départ d'un Grand Prix?
Le Néo-Zélandais Mike Thackwell, 19 ans et 182 jours (Canada 1980).

Le plus vieux pilote au départ d'un Grand Prix?
Louis Chiron, 55 ans (Monaco 1955).

Le plus jeune vainqueur d'un Grand Prix?
Troy Ruttmann, 22 ans (Indianapolis 1952).

Le plus vieux pilote vainqueur d'un Grand Prix?
Luigi Fagioli, 53 ans (France 1951).
Le plus jeune champion du monde?
Emerson Fittipaldi, à 25 ans, en 1972.
Le plus vieux champion de monde?
Juan Manuel Fangio, à 46 ans, en 1957.
Le plus grand nombre de titres par pilote?
Juan Manuel Fangio et Michael Schumacher, 5 titres.
Le plus grand écart entre les deux premiers du classement final d'un championnat du monde?
En 2002, Michael Schumacher a marqué 67 points de plus que son second, Rubens Barrichello (144 à 77).
Le plus petit écart entre les deux premiers du classement final d'un championnat du monde?
Un demi-point, entre Niki Lauda et Alain Prost en 1984.
Le plus grand nombre de Grands Prix disputés?
Riccardo Patrese (256).
Le plus grand nombre de victoires en Grand Prix?
Michael Schumacher (64).
Le plus grand nombre de secondes places en Grand Prix?
Alain Prost (35) devant Michael Schumacher (34).
Le plus grand nombre de troisièmes places en Grand Prix?
Gerhard Berger (21).
Le plus grand nombre de podiums en Grand Prix?
Alain Prost (106).
Le plus grand nombre de points marqués en une saison?
Michael Schumacher, en 2002 (144).

Le plus grand nombre de points marqués?
Michael Schumacher (945).
Le plus grand nombre de victoires en une saison?
Michael Schumacher en 2002 (11 victoires).
Le plus grand nombre de victoires au même Grand Prix?
Ayrton Senna à Monaco, Alain Prost au Brésil et en France (6 fois).
Le plus grand nombre de victoires successives?
Alberto Ascari en 1952 et 1953 (9 victoires).
Le plus grand nombre de kilomètres en tête par pilote?
Michael Schumacher (17 090)
Le plus grand nombre de pole-positions?
Ayrton Senna (65).
Le plus grand nombre de pole-positions successives?
Ayrton Senna, d'Espagne 1988 aux Etats-Unis 1989 (8 poles successives).
Le plus grand nombre de pole-positions par saison?
Nigel Mansell, en 1992 (14).
Le plus grand nombre de meilleurs tours en course?
Michael Schumacher (51)

Le plus grand nombre de meilleurs tours en course par saison?
Nigel Mansell, en 1992 (8).
Le plus grand nombre de courses en tête de bout en bout par pilote ?
Ayrton Senna (19 fois).
Le plus grand nombre de victoires par nation?
La Grande-Bretagne, 188 victoires avec 17 pilotes.
Le plus grand nombre de victoires par constructeur?
Ferrari (159).
Le plus grand nombre de titres par constructeur?
Ferrari (12).
Le plus grand nombre de pole-positions par constructeur?
Ferrari (158).
Le plus grand nombre de points marqués par constructeur?
Ferrari (2 880,5 points).
Le plus petit nombre de victoires dans une saison par un pilote remportant le championnat du monde?
Mike Hawthorn en 1958, et Keke Rosberg en 1982 (1 victoire).
Le plus grand nombre de doublés en course?
Ferrari (56).
Le plus grand nombre de doublés en une saison?
McLaren, en 1988 (10).

Le plus grand nombre de pole positions par constructeur?
Ferrari (158).
Le plus grand nombre de pole positions successives par constructeur?
Williams, 24 pole positions successives de France 1992 au Japon 1993.

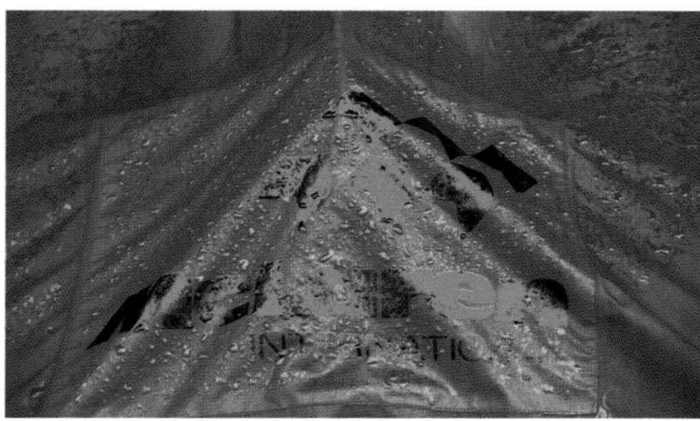

Le plus grand nombre de pole positions en une saison par constructeur?
McLaren en 1988 et 1989 et Williams en 1992 et 1993 (15 pole positions).
Le plus grand nombre de victoires successives par constructeur?
Ferrari, (14 victoires consécutives de Suisse 1952 à Suisse 1953).
Le plus grand nombre de victoires sur un circuit par constructeur?
Ferrari, à Monza, en Italie (14).
Le plus grand nombre de victoires par motoriste?
Ford (175).

Le plus grand nombre de victoires en une saison par motoriste?
Renault, en 1995 (16).
Le plus grand nombre de pole-positions par motoriste?
Renault, en 1995 (16).
Le plus grand nombre de victoires par manufacturier de pneus?
Goodyear (368).
Quel pilote a couru pour le plus grand nombre d'écuries?
Andrea de Cesaris (208 GP, de 1980 à 94, pour 10 écuries).
Quel pilote détient le record de victoires successives dans le même Grand Prix?
Ayrton Senna, 5 victoires successives à Monaco de 1989 à 1993.
Quel pilote a terminé le plus grand nombre de Grands Prix de suite dans les points?
Michael Schumacher a terminé 22 fois consécutivement dans les points de Hongrie 2001 au Japon 2002.
Quel pilote a couru le plus longtemps dans la même écurie?
Mika Häkkinen (8 saisons complètes chez McLaren, de 1994 à 2001, soit 132 Grands Prix).

Quels pilotes ont couru ensemble le plus longtemps?
Mika Häkkinen et David Coulthard (6 années de vie commune chez McLaren, de 1996 à 2001).
Qui a signé le plus grand nombre de records du tour au cours de la saison 2002?
Michael Schumacher (7).
Quel pilote a inscrit en moyenne le plus de points par course au cours d'une saison ?
Michael Schumacher a marqué en moyenne 8,47 points par course en 2002.
Quelle est la plus grande vitesse de pointe enregistrée par une Formule 1?
Jean Alesi, à Monza, en 2001 (363,2 km/h).

Quel a été le plus gros carambolage de l'histoire de la Formule 1?
Le Grand Prix de Belgique 1998 (13 voitures accidentées).

Jean Alesi

Felipe Massa

QUE SONT-ILS DEVENUS → en 2003?

Depuis 1990, 108 pilotes ont disputé au moins un Grand Prix de Formule 1. Beaucoup ont poursuivi une carrière dans le sport automobile après avoir quitté la discipline reine. D'autres ont totalement changé d'activités. Voici un état aussi précis que possible de ce que ces pilotes sont devenus. A cette période de l'année, les programmes sportifs ne sont pas encore totalement arrêtés et beaucoup d'anciens pilotes sont dans l'expectative.

Eddie Irvine

A

Adams Philippe (2)	Plus d'activité sportive
Alboreto Michele (194)	Décédé en séance d'essais en 2001
Alesi Jean (201)	DTM (Mercedes)
Alliot Philippe (109)	FIA GT et Le Mans
Alonso Fernando (17)	Formule 1 (Renault)
Andretti Michael (13)	Propriétaire et pilote d'une écurie en IRL
Apicella Marco (1)	Tourisme au Japon (Toyota)

Gerhard Berger

B

Badoer Luca (51)	Formule 1 (Pilote d'essais Ferrari)
Bailey Julian (7)	Pas d'activité sportive
Barbazza Fabrizio (8)	Reconverti dans les affaires
Barilla Paolo (8)	Reconverti dans les affaires
Barrichello Rubens (164)	Formule 1 (Ferrari)
Belmondo Paul (7)	Propriétaire d'une écurie de GT (Viper) et Paris-Dakar (Nissan)
Beretta Olivier (10)	Formule 1 (pilote d'essais Williams) et Endurance (Panoz en American Le Mans Series)
Berger Gerhard (210)	Plus d'activité sportive
Bernard Eric (45)	En négociations
Bernoldi Enrique (28)	Dallara Nissan World Series
Blundell Mark (61)	Le Mans (Bentley)
Boullion Jean-Christophe (11)	Le Mans
Boutsen Thierry (163)	Reconverti dans les affaires
Brabham David (163)	Le Mans (Bentley)
Brundle Martin (158)	Consultant TV et manager de pilote (Coulthard)
Burti Luciano (15)	Dallara Euro Series Nissan
Button Jenson (51)	Formule 1 (BAR-Honda)

C

Caffi Alex (56)	Endurance (Porsche 911 GT3 et Promec)
Capelli Ivan (93)	Consultant TV
Chiesa Andrea (3)	Consultant TV
Comas Erik (59)	Endurance au Japon et affaires
Coulthard David (141)	Formule 1 (McLaren-Mercedes)

D

Dalmas Yannick (24)	En négociations
Davidson Anthony (2)	Formule 1 (pilote d'essais BAR)
De Cesaris Andrea (208)	Compétitions de planche à voile
De la Rosa Pedro (63)	Formule 1 (Pilote d'essais McLaren)
Deletraz Jean Denis (3)	Endurance (Ferrari 550)
Diniz Pedro (99)	Reconverti dans les affaires
Donnelly Martin (14)	Reconverti dans les affaires

Pedro de la Rosa

E

Enge Tomas (3)	FIA GT (Ferrari 360)

F

Fisichella Giancarlo (107)	Formule 1 (Jordan-Ford)
Fittipaldi Christian (40)	Nascar et 24H de Daytona (Chevrolet)
Foitek Gregor (7)	Plus d'activité sportive
Fontana Norberto (4)	Tourisme en Argentine
Frentzen Heinz-Harald (141)	Formule 1 (Sauber-Petronas)

G

Gachot Bertrand (47)	Reconverti dans les affaires
Gené Marc (17)	Formule 1 (pilote d'essais Williams) et Dallara Euro Series Nissan
Giacomelli Bruno (69)	Pas d'activité sportive
Gounon Jean Marc (9)	En négociations
Grouillard Olivier (41)	En négociations
Gugelmin Maurizio (74)	Plus d'activité sportive

Mika Häkkinen

H

Häkkinen Mika (162)	Quelques rallyes (Mitsubishi WRC)
Heidfeld Nick (50)	Formule 1 (Sauber-Petronas)
Herbert Johnny (162)	Le Mans (Bentley) et ALMS (Audi)
Hill Damon (116)	Reconverti dans les affaires

I

Inoue Taki (18)	Pas d'activité sportive
Irvine Eddie (147)	Pas d'activité sportive

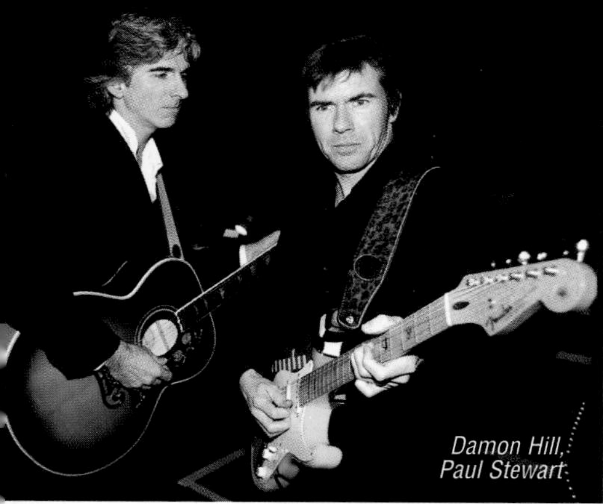

Damon Hill, Paul Stewart

J	
Johansson Stefan (79)	Endurance ALMS (Audi) et propriétaire d'une écurie Champ Car

K	
Katayama Ukyo (95)	Paris-Dakar (Nissan)

L	
Lagorce Franck (2)	Endurance (Pescarolo) et Rallyes-raids
Lammers Jan (23)	Endurance (Audi)
Lamy Pedro (32)	GT en Australie (Ford)
Larini Nicola (49)	Tourisme (Alfa Romeo 156 GTA)
Lavaggi Giovanni (7)	Propriétaire et pilote d'une écurie d'endurance
Lehto Jyrky (62)	Endurance ALMS (Audi)

Mark Webber Nigel Mansell Justin Wilson

M	
Mansell Nigel (187)	Propriétaire d'un golf
Magnussen Jan (24)	Le Mans (Audi Japon)
Marques Tarso (26)	En négociations
Martini Pierluigi (119)	Reconverti dans les affaires
Massa Felipe (16)	Formule 1 (pilote d'essais Ferrari et pilote de réserve Sauber)
Mazzacane Gaston (21)	F3000
McNish Allan (16)	Formule 1 (pilote d'essais Renault)
Modena Stefano (70)	Reconverti dans les affaires
Montermini Andrea (21)	Consultant TV
Montoya Juan Pablo (34)	Formule 1 (Williams-BMW)
Morbidelli Gianni (67)	Pas d'activité sportive
Moreno Roberto (42)	Champ Car aux Etats-Unis (Herdez)

N	
Nakajima Satoru (74)	Propriétaire d'une écurie de F3 et de F3000 au Japon
Nakano Shinji (33)	Pas d'activité sportive
Nannini Alessandro (77)	Reconverti dans les affaires
Naspetti Emanuele (5)	Endurance (Ferrari 550)
Noda Hideki (3)	Pas d'activité sportive

Niki Lauda Nelson Piquet

Alain Prost

P	
Panis Olivier (125)	Formule 1 (Toyota)
Papis Massimo (7)	IRL (Cheever), Endurance (Ferrari 360 Modena) et Le Mans (Panoz)
Patrese Ricardo (256)	Reconverti dans les affaires
Piquet Nelson (204)	Reconverti dans les affaires et s'occupe de la carrière de son fils Nelsinho

Juan Pablo Montoya

Mika Salo

Pirro Emanuele (37)	Endurance (Audi)
Prost Alain (199)	Trophée Andros (Opel)

R	
Räikkönen Kimi (34)	Formule 1 (McLaren-Mercedes)
Ratzenberger Roland (1)	Décédé en piste à Imola le 30 avril 1994
Rosset Ricardo (32)	Reconverti dans les affaires

S	
Salo Mika (110)	Endurance et Le Mans (Audi GB)
Sarrazin Stéphane (1)	Dallara Nissan World Series et Le Mans (Oreca)
Sato Takuma (17)	Formule 1 (Pilote d'essais BAR)
Schiatarella Domenico (6)	Endurance (Ferrari 550)
Schneider Bernd (9)	DTM (Mercedes)
Schumacher Michael (179)	Formule 1 (Ferrari)
Schumacher Ralf (100)	Formule 1 (Williams-BMW)
Senna Ayrton (161)	Décédé en course à Imola le 1er mai 1994
Suzuki Aguri (64)	Propriétaire d'une écurie engagée en F3 et F3000 au Japon et en Champ Car

T	
Takagi Toranosuke (32)	IRL aux Etats-Unis (Nunn)
Tarquini Gabriele (38)	Tourisme (Alfa Romeo)
Tuero Esteban (16)	Tourisme en Argentine (VW)
Trulli Jarno (97)	Formule 1 (Renault)

V	
Van de Poele Eric (5)	Endurance (Ferrari 360 Modena et Doran Dallara)
Verstappen Jos (91)	Formule 1 (Minardi-Cosworth)
Villeneuve Jacques (116)	Formule 1 (BAR-Honda)

W	
Warwick Derek (147)	Reconverti dans les affaires
Webber Mark (16)	Formule 1 (Jaguar)
Wendlinger Karl (41)	En négociations
Wurz Alexander (52)	Formule 1 (3e pilote McLaren)

Y	
Yoong Alex (16)	Tourisme en Australie

Z	
Zanardi Alex (41)	Plus d'activité sportive
Zonta Ricardo (31)	Formule 1 (Pilote d'essais Toyota)

Allan McNish

Ricardo Zonta

ARROWS STORY
1978-2002

1978

1er Grand Prix, en 1978 au Brésil sur le circuit de Jacarepagua avec Riccardo Patrese (n°36). Celui-ci terminera 10e.

La superbe livrée dorée de l'A1 de Riccardo Patrese.

1978

GP de Suède: Premier podium pour l'écurie avec le jeune Patrese.

1978

1978

Tony Southgate, ingénieur de l'écurie Arrows et Riccardo Patrese.

Mass et Patrese consituaient le duo de l'écurie en 1979

Première apparition de l'A2 au GP de France. 1979

A Silverstone, le début de l'été 2002 est pourri. Pour l'écurie Arrows, c'est le début de la fin. Avec l'énergie du désespoir, Tom Walkinshaw , seul à la barre d'un bateau ivre tente en vain de faire face. Les multiples tentatives de reprises ont toutes échoué. Malgré sa légendaire énergie d'ancien rugbyman, il est coincé dans les cordes et jette l'éponge. Les portes d'Arrows se ferment. Dans la deuxième partie de cette saison, on a souvent frisé le ridicule dans le paddock.

Equipées de la version client du moteur Ford, un différent juridique bloque les Arrows le vendredi. Une solution est trouvée pour la suite du week-end. A Magny-Cours, le même scénario se produit. Les Arrows de Frentzen et de Bernoldi prennent la piste le samedi et ne se qualifient pas. Par contrat, les équipes s'engagent à disputer toutes les épreuves du championnat. En cas de d'absence, le montant de l'amende est dissuasif. C'est en Allemagne que les Arrows prendront la piste pour la dernière fois de leur histoire. A Spa, les voitures étaient présentes, mais ne démarrèrent pas. On ne les reverra plus ensuite. Les pistes de différents repreneurs s'effacent les unes après les autres à l'automne. En fin d'année, la FIA annonce que l'inscription de

1981

Riccardo Patrese (n°29) et Siegfried Stohr (n°30). A noter que ce dernier sera remplacé par Jacques Villeneuve, l'oncle du même Jacques Villeneuve actuellement pilote BAR.

Arrows au championnat du monde 2003 n'est pas acceptée. La cessation d'activité de cette équipe après celle de Prost en 2001 a lancé le processus de la nouvelle réglementation basée sur les économies. La Formule 1 vit au-dessus de ses moyens. A ce rythme, et comme le disait Victor Hugo, «ils ne mourraient pas tous, mais tous étaient touchés».

Mais ceci est un autre problème. Après 25 ans de compétition, un nouveau nom prestigieux de la Formule 1 disparaît. Les Arrows n'ont jamais réussi à s'imposer en Grands Prix, mais n'ont pourtant pas démérité.

L'histoire débute en 1978. A la fin de l'année précédente, une bonne partie de l'équipe Shadow décide de voler de ses propres ailes. Ils créent

Marc Surer (assis sur le muret) et Thierry Boutsen rapporteront 6 points à l'écurie.

Thierry Boutsen au volant de l'Arrows-BMW.

En 1983, le Suisse Marc Surer assure les points nécessaires au classement en Championnat du Monde. Et le Belge, Thierry Boutsen les fonds assurant la survie de l'écurie.

Arrows, traduction du mot flèche en anglais. Ce mot est composé des initiales de leurs noms. A comme Franco Ambrosio le financier, R pour Alan Rees, O pour Jackie Oliver, les directeurs et W pour Dave Wass et S pour Tony Southgate les ingénieurs.
Lors des premiers essais de la saison, la stupeur est de taille en constatant que les modèles Shadow et Arrows sont parfaitement identiques. Les concepteurs Southgate et Wass sont tous simplement partis de chez Shadow avec les plans de la monoplace sous le bras. Ricardo Patrese effectue des débuts brillants. En Afrique de Sud, il mène les débats près de la moitié de la course avant d'abandonner. En Suède, il termine second dans le souffle aspiré de la Brabham de Lauda. Il est secondé par Rolf Stommelen qui a apporté dans ses bagages l'appui des bières Warsteiner.

La saison 1986 se révèle très décevante pour Marc Surer et Thierry Boutsen. Avec un seul point marqué l'écurie se classe 10e.

1988

Derek Warwick et Eddie Cheever sur Arrows-Megatron. La meilleure saison de l'histoire de l'écurie avec 23 points marqués et une 4e place au Championnat.

1990

Eddie Cheever

1989

Derek Warwick, sur l'Arrows A11-Ford

Michele Alboreto et Alex Caffi remplacent Derek Warwick et Eddie Cheever, après trois années passées au sein de l'écurie.

Michele Alboreto explique à James Robinson le pourquoi de ses nombreuses non-qualifications.

1991

Ces résultats provoquent la colère de Don Nichols, le patron de Shadow. Il intente une action en justice et obtint gain de cause. Les Arrows FA 1 sont détruites et l'équipe est condamnée à payer une amende de 500 000 euros. Cette somme à l'époque représentait à peu près le budget annuel d'une équipe de milieu de tableau. On aurait pu croire à la disparition pure et simple de cette écurie. La surprise est de taille lorsque Ricardo Patrese se présente au Grand Prix d'Autriche au volant d'une nouvelle monoplace Arrows A1. En moins d'un mois, l'équipe technique avait conçu et réalisé une toute nouvelle voiture. Lors du dernier Grand Prix de la saison au Canada, Patrese termine à une belle quatrième place. En cette année 1978, Ronnie Peterson décède des suites de son accident à Monza. Lors de cet accident, le même Patrese est jugé par ses pairs comme le responsable du drame. Il sera privé de l'épreuve suivante aux Etats-Unis. En fin d'année, le mécène italien Ambrosio est arrêté pour des malversations financières. Cette équipe Arrows est considérée comme une pestiférée par la Fédération et par les autres équipes. On parle même d'un trafic de drogue dans les caisses des pneus d'une course à l'autre.

Malgré ce tonnerre de feu, Arrows poursuit sa route. L'Arrows A2 est révolutionnaire. Personne ne peut invoquer cette fois invoquer une quelconque copie. Le nez ressemble terriblement à un obus. Mais cette monoplace ne sera pas une balle.

L'écurie a du mal à trouver son second souffle. Dans le paddock, l'équipe a enfin été admise et reconnue. Après la disparition de Shadow en 1980, elle trouve enfin sa vitesse de croisière. Avec de petits moyens, elle obtient des résultats honorables. Patrese fidèle depuis les débuts tourmentés part chez Brabham. En 1984, Arrows s'associe à BMW. Gerhard Berger et Thierry Boutsen obtiennent de bons résultats l'année suivante. Par la suite, équipée du moteur turbo Megatron, elle réussit sa meilleure saison en 1988 avec Derek Warwick et Eddie Cheever. Elle obtient la quatrième place du championnat après avoir marqué 23 points. C'est à cette époque

1992, Aguri Suzuki, Wataru Ohashi et le moteur Honda: concentration de Japonais chez Arrows devenue

Footwork se retire de la F1 et Arrows retrouve son nom d'origine. Ici, Christian Fittipaldi au volant de l'Arrows FA15-Ford

GP d'Australie 1995, une troisième place et un podium chanceux, après une course hécatombe remportée par Damon Hill.

1996, rachat de l'écurie par Tom Walkinshaw, ici avec Jos Verstappen, l'un des pilotes Arrows.

Ce même Damon Hill qui, deux ans plus tard, réussit l'exploit de mener le GP de Hongrie en quasi totalité. Malheureusement la fiabilité de sa machine ne lui permet que de décrocher la deuxième place.

que débarque un jeune ingénieur qui fera une brillante carrière. Il s'agit de Ross Brawn. Jackie Oliver ancien pilote des seventies toujours aux commandes malgré vent et marées s'avère être un redoutable chercheur d'or. A la fin des années 90, la Formule 1 est en vogue au Japon. Les équipes March et Larrousse s'associent à des compagnies japonaises. Arrows fera de même avec Footwork une énorme entreprise de transports, lui cédant même son nom. L'association avec Porsche en 1991 sera calamiteuse. Le moteur allemand ne marche pas, faute d'un investissement suffisant. L'association japonaise dure jusqu'en 1996 avec un lent mais inexorable déclin de l'écurie. La valse des moteurs n'arrange pas les choses.

Tom Walkinshaw fait son entrée en scène en 1997. Cet ancien trois-quart de rugby fait le ménage avec ses solides épaules. Il engage Damon Hill, champion du monde en titre qui vient de se faire jeter par Williams dont on connaît le peu de considération qu'il porte à ses pilotes. Il se sépare rapidement d'Oliver et Rees, les fondateurs de l'équipe et devient seul maître à bord. L'équipe Arrows-Yamaha est présentée en grandes pompes lors du Motor-Show de Birmingham. Les résultats ne sont malheureusement pas à la hauteur des ambitions de l'Oncle Tom.

1999

Tom Walkinshaw et le Prince Malik Ado Ibrahim. Une association qui ne fera que précipiter l'écurie dans la tourmente.

1999. Le seul point marqué par Pedro de la Rosa permet à l'écurie de survivre.

2002. Malgré les efforts de toute l'équipe et les points marqués par H.-H. Frentzen en Espagne (ci-dessus), Tom Walkinshaw ne parvient pas à réunir les fonds nécessaires pour continuer. Le GP d'Allemagne est le dernier pour Arrows.

C'est en Hongrie que l'équipe Arrows réalisera sa dernière belle performance. Damon Hill termine second après avoir mené longtemps. Ce fait d'armes n'aura pas de suite. Le groupe TWR de Walkinshaw conçoit et réalise un moteur. Ce ne sera pas une réussite et il se tournera respectivement ensuite vers Supertec, Asiatech puis Cosworth. Ce manque de stabilité en matière de moteurs est certainement l'une des raisons majeures de la disparition de l'écurie. La présence d'ingénieurs de talent comme John Barnard, Franck Dernie et Mike Coughlan n'a pas changé le cours de l'histoire.

Le manque de moyens financiers se fait sans cesse plus pressant. En 1999, Tom Walkinshaw vend une partie de son capital au Prince Malik. En cours d'année et trop tard, il se rend compte qu'il est en face d'un vulgaire escroc qui n'a pas versé l'ombre d'un dollar. Son association avec la banque d'affaires Morgan Grenfell est aussi un échec. Les années passent, la situation devient préoccupante. En 2002, les échéances du moteur Ford-Cosworth sont de plus en plus difficiles à régler. La situation est grave. La rocambolesque agonie de Arrows au cœur de l'été 2002 puis la mise en liquidation à l'automne seront les derniers épisodes pénibles de cette équipe. ■

Arrows en chiffres

- 382 Grands Prix disputés
- 0 victoire
- 1 pole position (R. Patrese, Long Beach 1981)
- 167 points marqués
- Premier Grand Prix disputé : Brésil 1978
- Dernier Grand Prix disputé : Allemagne 2002
- Meilleur résultat en GP : 2e (5 fois)
- Premier podium : R. Patrese (Suède 1978, 2e)
- Nombre de podiums : 8
- Meilleur classement au championnat : 4e en 1988

1978 : Arrows-Ford	Patrese-Stommelen	11 pts
1979 : Arrows-Ford	Patrese-Mass	5 pts
1980 : Arrows-Ford	Patrese-Mass-Thackwell-Winkelhock	11 pts
1981 : Arrows-Ford	Patrese-Stohr-J.Villeneuve Sr.	10 pts
1982 : Arrows-Ford	Baldi-Henton-Surer	5 pts
1983 : Arrows-Ford	Jones-Boutsen-Serra-Surer	4 pts
1984 : Arrows-BMW	Boutsen-Surer	6 pts
1985 : Arrows-BMW	Boutsen-Berger	14 pts
1986 : Arrows-BMW	Boutsen-Surer-Danner	1 pt
1987 : Arrows-Megatron	Cheever-Warwick	11 pts
1988 : Arrows-Megatron	Cheever-Warwick	23 pts
1989 : Arrows-Ford	Cheever-Warwick-Donnelly	13 pts
1990 : Arrows-Ford	Alboreto-Caffi-Schneider	2 pts
1991 : Footwork-Porsche	Alboreto-Caffi-Johansson	0 pt
1992 : Footwork-Mugen	Alboreto-Suzuki	6 pts
1993 : Footwork-Mugen	Warwick-Suzuki	4 pts
1994 : Foorwork-Ford	Fittipaldi-Morbidelli	9 pts
1995 : Footwork-Hart	Morbidelli-Inoue-Papis	5 pts
1996 : Footwork-Hart	Rosset-Verstappen	1 pt
1997 : Arrows-Yamaha	Hill-Diniz	9 pts
1998 : Arrows	Diniz-Salo	6 pts
1999 : Arrows	De la Rosa-Takagi	1 pt
2000 : Arrows-Supertec	De la Rosa-Verstappen	7 pts
2001 : Arrows-Asiatech	Verstappen-Bernoldi	1 pt
2002 : Arrows-Cosworth	Frentzen-Bernoldi	2 pts

IL Y A 20 ANS→
Ayrton Senna découvrait la F1

Le 23 octobre 1983, à Thruxton, en Angleterre, le titre de Formule 3 se joue entre Martin Brundle et un certain Ayrton Senna Da Silva. Ce jour-là, le pilote brésilien joue son va tout. Il est devancé au classement par son rival et il doit absolument gagner pour ravir le titre. Terriblement motivé, il ne laisse aucune chance au Britannique et se montre irrésistible. Brundle reconnaîtra que Senna était imbattable lors de cette finale. Après de multiples péripéties et plusieurs accrochages en cours de saison, Senna avait fini par s'imposer.

Frank Williams avait déjà remarqué ce gamin. En juillet 1983, il lui propose de faire un bout d'essai à Donington. Ayrton Senna s'adapte terriblement vite à sa nouvelle monture. Franck Williams fait rajouter de l'essence pour le ralentir et ne pas attirer l'attention des autres écuries. Il est impressionné par son jeune élève mais il ne veut pas se précipiter. Une erreur qu'il mettra dix ans à réparer car Senna va lui glisser entre les doigts.
Après son titre, le nouveau champion d'Angleterre de F3 est très sollicité. Comme son dauphin Martin Brundle et Stefan Bellof, il est convié à Silverstone à une journée d'essais organisée par McLaren.

Au cours de l'année 1982, Ron Dennis lui avait déjà permis de se familiariser avec une F1. Très sollicité, quelques jours plus tard, il essaye la Toleman et découvre la puissance d'un moteur turbocompressé. En fin de journée, il se montre déjà plus rapide que Warwick et Giacomelli, les pilotes titulaires. Alex Hawkridge, le directeur de cette équipe ne tergiverse pas. Il propose immédiatement à Senna un contrat. Le Brésilien est séduit par cette équipe disposant de bons moyens et accepte le marché.
Par acquis de conscience, il accepte l'invitation de Bernie Ecclestone et se rend au Castellet pour essayer la Brabham championne du monde.

L'accueil de son compatriote Nelson Piquet est glacial. Le champion du monde, homme de Rio de Janeiro a une profonde aversion pour le jeune homme de Sao Paolo. Il redoute d'autre part le talent de son cadet. Pour se protéger, il va même jusqu'à proposer sa démission en cas de cohabitation avec Senna…
Le beau Nelson était visionnaire. Il avait déjà compris que le pauliste pouvait lui faire de l'ombre. Malgré toutes ses précautions, Senna y parviendra. ■

BANERJ
Jeans
Pool
ZERO
TRAN

Pool
ICI
FERODO
Silkolene
FLY saudia
ALBILAD
TAG
DENIM
DENIM

parmalat parmalat
parmalat
parmalat
FILA

Pool
A. SENNA

SERGEY ZLOBIN →

Ambassadeur de Russie en F1

Les débuts en compétition en Euro 3000 et en endurance avec Porsche.

A Budapest, au cours de l'été 2002, les pilotes des pays de l'Est ont le vent en poupe. Le Tchèque Tomas Enge prend la tête du championnat international de Formule 3000. Le jour du Grand Prix, Eddie Jordan offre une série de tours dans l'une de ses voitures à Zsolt Baumgartner, l'enfant du pays. L'écurie Minardi ne veut être en reste. Elle présente tour à tour deux pilotes. L'un est tchèque et s'appelle Jirko Malcharek. L'autre est russe et se prénomme Sergey Zlobin. C'est lui qui va attirer notre attention.

La société russe Gazprom , première productrice au monde de gaz a décidé de promouvoir son image par la Formule 1. Elle a choisi de le faire avec Sergey Zlobin et l'équipe Minardi.

Né le 29 mai 1970 à Moscou, il a toujours été passionné par les voitures. «Dès que j'ai pu, j'ai commencé à voler les clés de la voiture de mon père pour aller rouler la nuit en cachette. J'ai toujours été fasciné par ce qui avait un moteur comme aussi le motocross. J'ai couru dans 12 catégories avant d'arriver à la formule la plus puissante et la plus belle du monde».

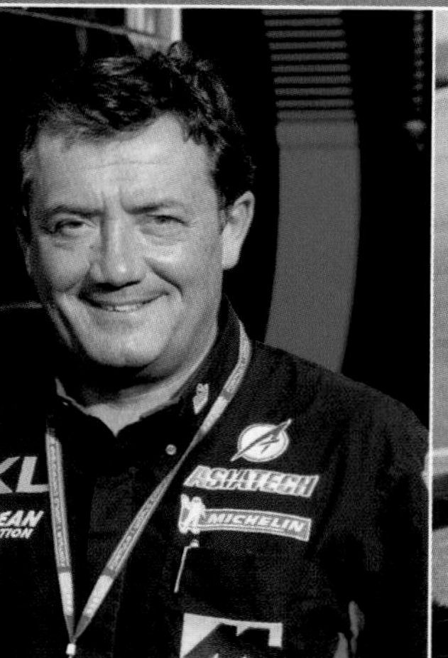

Sergey Zlobin avec Giancarlo Minardi.

Première confrontation avec les pilotes officiels du Championnat du Monde de Formule 1, sur le circuit de Valence en Espagne. Sergey fait du mieux qu'il peut pour ne pas gêner les autres pilotes mais, au bout du compte, il ne peut éviter un malheureux tête-à-queue.

Avant d'y parvenir, après le motocross, il gagne le championnat russe des rallyes d'hiver en 1997. L'année suivante, il remporte le titre de Formule 1600 en circuits. «L'histoire de la course automobile est très récente chez nous. Le premier vrai championnat s'est disputé en 1997 et les premières courses de Formule 3 ont eu lieu ensuite».

Serguey Zlobin disputera trois années de suite ce championnat sans réussite. En 2001, il dispute la finale de la Formule Renault ainsi qu'il tente une expérience internationale en Euro 3000, la version italienne de cette discipline. L'an passé, il s'acharne encore en F3, dispute avec discrétion le championnat Euro 3000 qui est devenu international. Il s'aventure même aux Etats-Unis pour les 24 heures de Daytona puis les 6 heures du Nürburgring avec une Porsche. Il est aussi président d'un club intitulé Racing. «Cette écurie est composée de 12 voitures qui courent dans les diverses catégories. Presque tous les pilotes qui courent en Russie sont passés dans notre club, un fait qui me rend très fier».
Après avoir rencontre les dirigeants de Gazprom, le projet fou de Zlobin va devenir une réalité. Il devient le premier pilote russe à conduire une Formule 1. Cet événement de taille se produit le 3 septembre 2002 sur la piste de Fiorano, dans l'antre de Ferrari. C'était d'ailleurs la première fois qu'une Minardi tournait sur ce circuit mythique. «Je dois bien admettre que j'étais un peu inquiet avant ce test. La Minardi est vraiment différente de la F3000 que je conduis d'habitude. Mais à la fin de la journée c'était bien. J'aurais bien aimé m'essayer sur le mouillé, car j'aime ces conditions difficiles». Même sur le sec, notre homme semble attirer par la glisse. Son goût pour le motocross et les rallyes sont encore bien visibles dans son style de pilotage.

Après des essais à Mugello, il dispute une vraie séance d'essais à Valence le 27 novembre dernier. Lancé dans le grand bain, il fait de la figuration. A plusieurs occasions, il oublie de regarder ses rétroviseurs, trop concentré à vouloir maintenir sa Minardi sur la piste. Excédé, Montoya, lui montrera un poing vengeur avant de zigzaguer devant lui après avoir réussi à le doubler. Lors de cette séance, chez Minardi, il est devancé de près de trois secondes par Franck Montagny et Matteo Bobbi. Kimi Râikkönen se balade à près de dix secondes...

Malgré cette gifle, Sergey Zlobin, véritable gentleman driver garde le sourire. «J'ai maintenant 754 kilomètres au volant de cette monoplace. Je sais bien que je dois encore progresser. Je suis satisfait des résultats parce que j'ai un peu amélioré mes temps. Nous allons maintenant préparer le programme d'essais de l'année 2003».

Cette année, Minardi a choisi comme Jordan et Renault de disputer la séance de deux heures de vendredi matin en prélude de chaque Grand Prix. A certaines occasions, Serguey Zlobin sera donc en piste au volant de l'une des monoplaces de Faenza. Ses rapports avec les autres pilotes sont à l'heure actuelle inexistants.
«Je connais un peu Andrea Montermini qui parle un peu le russe. Mais pour le reste, il est bien difficile de communiquer avec les autres. Je suis en train d'apprendre l'anglais et naturellement l'italien».
Ce père de trois enfants veut être une locomotive un ambassadeur pour le sport automobile en Russie. Après que la congélation du projet de Grand Prix à Moscou, la présence, même symbolique d'un pilote russe en Formule 1 peut changer le cours de l'histoire. ■

F1 GIRLS →

MEDIA
CENTRE
WET
LEFT
Marlboro
4
HONDA
LOOK ALIKE

2

5

16GP

1	AUSTRALIE	MELBOURNE	9 MARS
2	MALAISIE	SEPANG	23 MARS
3	BRÉSIL	INTERLAGOS	6 AVRIL
4	SAINT-MARIN	IMOLA	20 AVRIL
5	ESPAGNE	BARCELONE	4 MAI
6	AUTRICHE	A1-RING	18 MAI
7	MONACO	MONTE CARLO	1er JUIN
8	CANADA	MONTRÉAL	15 JUIN
9	EUROPE	NÜRBURGRING	29 JUIN
10	FRANCE	MAGNY-COURS	6 JUILLET
11	GRANDE-BRETAGNE	SILVERSTONE	20 JUILLET
12	ALLEMAGNE	HOCKENHEIM	3 AOÛT
13	HONGRIE	HUNGARORING	24 AOÛT
14	ITALIE	MONZA	14 SEPTEMBRE
15	ETATS-UNIS	INDIANAPOLIS	28 SEPTEMBRE
16	JAPON	SUZUKA	12 OCTOBRE

2003

Adresse :
Australian Grand Prix Corporation
220 Albert Road, P.O. Box 577, South Melbourne, Victoria 3205, Australie
Tel : +61-3-92.58.71.00
Fax : +61-3-96.82.04.10
Internet : www.grandprix.com.au

Situation géographique :
le circuit se situe au sud de Melbourne, à moins de dix kilomètres du centre-ville. L'aéroport international de Melbourne-Tullamarine est à 20 kilomètres au nord de la ville.

GP1 AUSTRALIE

Date: Dimanche 9 mars 2003
Circuit de Melbourne dans l'Albert Park.
Départ: 14 heures locales, 4 heures du matin en France.
Distance: 58 tours du circuit de 5,303 km soit 307,574 km.
Affluence en 2002: 127 000 spectateurs le jour du GP.

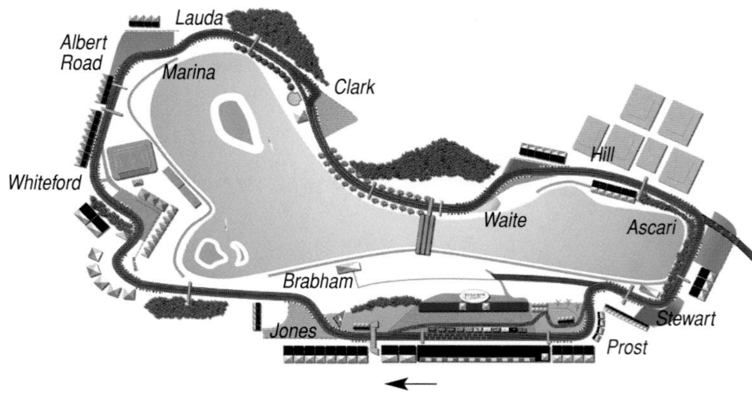

Statistiques 2002 :

Pole-position
Barrichello (Ferrari)
1:25.843 (222,392 km/h).

Résultats du GP

1. M. Schumacher (Ferrari)	1:35:39.792 (193,011 km/h)
2. Montoya (Williams-BMW)	à 18.628
3. Räikkönen (McLaren-Mercedes)	à 25.067
4. Irvine (Jaguar)	à 1 tour
5. Webber (Minardi-Asiatech)	à 2 tours
6. Salo (Toyota)	à 2 tours
7. Yoong (Minardi-Asiatech)	à 3 tours
8. De la Rosa (Jaguar)	à 5 tours

Meilleur tour en course
Räikkönen (McLaren-Mercedes)
1:28.541 (215,615 km/h).

Depuis 1996, la saison de Formule 1 débute de l'autre côté de la terre. Il faut compter une bonne vingtaine d'heures d'avion pour se rendre à Melbourne. Les écologistes locaux ont bien tenté de s'opposer pacifiquement aux premières éditions de cette épreuve organisée dans un parc situé dans la proche banlieue de cette cité. L'Albert Park ne manque pas de charmes. Dans ce cadre bucolique, boisé d'eucalyptus, la piste serpente autour du lac. Des dizaines de petits voiliers se disputent les berges et les embarcadères avec de magnifiques cygnes noirs et blancs. Les décibels dérangent assurément ces beaux oiseaux l'espace de quelques jours.

La Formule 1 et ce Grand Prix en particulier passionnent les Australiens. L'an passé, Mark Webber, l'enfant du pays a terminé cinquième de son premier Grand Prix au volant d'une Minardi. Ce véritable exploit a eu un retentissement formidable en Australie. Toutes les tribunes sont aux noms et aux couleurs des champions du monde de l'histoire. De fréquents rappels à l'ordre sont destinés aux spectateurs. Le slogan «Si tu bois avant de conduire, alors tu es un sacré idiot» ne peut pas passer inaperçu. On le trouve aux quatre coins du parc.

Le dimanche matin, un concours de déguisements est organisé dans un coin du parc. Le thème est bien sûr la Formule 1 et ses pilotes. D'année en année, les participants sont de plus en plus nombreux et débordent d'imagination.

L'océan est aussi tout proche. A quelques centaines de mètres du circuit, on pourrait se croire transporté dans une cité balnéaire de Californie où d'Hawaï. Les trottoirs sont monopolisés par des dizaines de petits restaurants accueillants, où l'exotisme est garanti.

Ce Grand Prix est fort prisé par le microcosme de la F1. L'organisation de cet événement est irréprochable et séjourner une semaine aux antipodes au début du mois de mars n'est vraiment pas une sinécure...

Les records à battre :

Pole-position
Barrichello (Ferrari) en 2002, 1:25.843 (222,392 km/h).

Moyenne record en course
D. Coulthard (McLaren-Mercedes) en 1997, 1:30:28.718 (203,926 km/h).

Record du tour en course
M. Schumacher (Ferrari) en 2001, 1:28.214 (216,414 km/h).

Palmarès :

2002 : M. Schumacher (Ferrari)
2001 : M. Schumacher (Ferrari)
2000 : M. Schumacher (Ferrari)
1999 : E. Irvine (Ferrari)
1998 : M. Häkkinen (McLaren-Mercedes)
1997 : D. Coulthard (McLaren-Mercedes)
1996 : D. Hill (Williams-Renault)
1995 : D. Hill (Williams-Renault)
1994 : N. Mansell (Williams-Renault)
1993 : A. Senna (McLaren-Ford)
1992 : R. Patrese (Williams-Renault)
1991 : A. Senna (McLaren-Honda)
1990 : N. Piquet (Benetton-Ford)
Etc.

Michael Schumacher s'est imposé en 2002 pour la troisième fois consécutive en Australie(2000, 2001 et 2002). Il devance Alain Prost (1985 et 86), Ayrton Senna (1991 et 93)et Damon Hill (1995 et 96) qui se sont imposés deux fois chacun.

Le premier vainqueur fut Keke Rosberg (Williams-Honda), en 1985 à Adélaïde.

Il y a eu 17 Grands Prix d'Australie :
Adélaïde de 1985 à 1995,
Melbourne à partir de 1996.

Adresse :
Sepang International Circuit
Jalan Pekeliling,
64 000 Klia, Selangor, Malaisie
Tel : +60-3-85.26.20.00
Fax : +60-3-85.26.10.00
Internet : www.malaysiangp.com.my

Situation géographique :
Le circuit de Sepang se situe dans le sud de la péninsule malaise, à 60 kilomètres au sud de la capitale, Kuala Lumpur.
L'aéroport international se trouve à seulement 5 kilomètres de ce complexe ultra-moderne.

GP2 MALAISIE

Palmarès :

2002 : M. Schumacher (Ferrari)
2001 : M. Schumacher (Ferrari)
2000 : M. Schumacher (Ferrari)
1999 : E. Irvine (Ferrari)

En 2003, ce sera le cinquième Grand Prix de Malaisie, toujours disputé sur le circuit de Sepang, à proximité de Kuala Lumpur.

Le Grand Prix de Malaisie cherche son second souffle. Le phénomène de curiosité passée, l'organisateur a bien des difficultés pour remplir ses tribunes. L'an passé, on a même parlé de prix bradés le jour de la course pour ne pas faire pâle figure. Les tarifs sont exorbitants pour la population locale. Les spectateurs étrangers dont beaucoup sont venus d'Europe constituent une partie importante de l'affluence. Une promotion intense est organisée pour assurer le succès de l'événement .
L'an passé, les performances timides de Alex Yoong, l'enfant du pays, ne lui ont même pas permis de conserver son siège chez Minardi. L'engouement du public va devoir se tourner vers d'autres pilotes.
Cette épreuve est très bien organisée et les infrastructures sont du dernier cri. Malgré une température très élevée et un taux d'humidité proche des 90 %, cette étape en Malaisie est fort agréable. Philippe Gurdjian, investigateur et réalisateur de ce projet fabuleux a maintenant passé le relais aux organisateurs locaux qui s'en sortent avec les honneurs.

Date : Dimanche 23 mars 2003
Circuit de Kuala Lumpur, Sepang
Départ : 15 heures locales, 8 heures du matin en France.
Distance : 56 tours du circuit de 5,543 km soit 310,408 km.
Affluence en 2002 : 92 000 spectateurs le jour du GP.

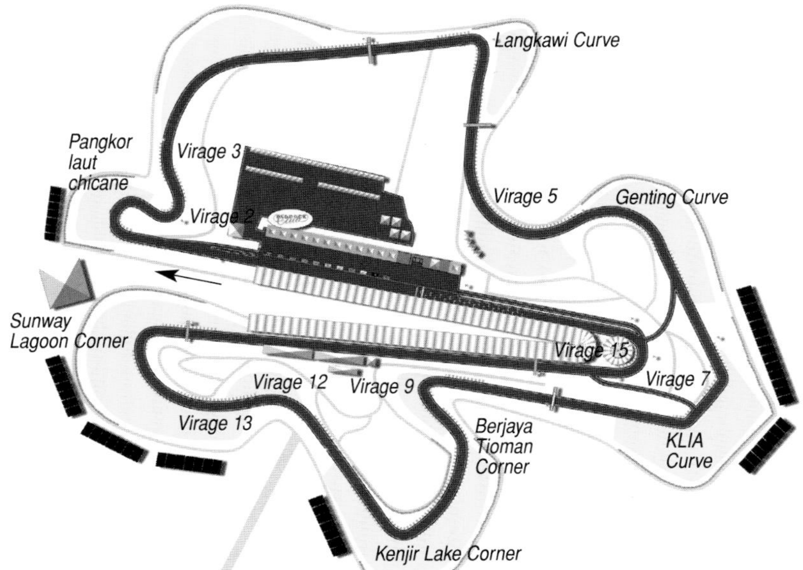

Les records à battre :

Pole-position
M. Schumacher (Ferrari) en 2001
1:35.220 (209,565 km/h).

Moyenne record en course
R. Schumacher (Williams-BMW) en 2002
1:34:12.912 (197,680 km/h).

Record du tour en course
Montoya (Williams-BMW) en 2002
1:38.049 (203,518 km/h).

Statistiques 2002 :

Pole-position
M. Schumacher (Ferrari) 1:35.266 (209,464 km/h).

Résultats du GP

1. R. Schumacher (Williams-BMW)	1:34:12.912 (197,680 km/h)
2. Montoya (Williams-BMW)	à 39.700
3. M. Schumacher (Ferrari)	à 1:01.795
4. Button (Renault)	à 1:09.767
5. Heidfeld (Sauber-Petronas)	à 1 tour
6. Massa (Sauber-Petronas)	à 1 tour
7. McNish (Toyota)	à 1 tour
8. Villeneuve (BAR-Honda)	à 1 tour

Meilleur tour en course
Montoya (Williams-BMW) 1:38.049 (203,518 km/h).

Adresse :
Autodromo Jose Carlos Pace
Avenida Senador Teotonio Vilelia 259
São Paolo, Brésil
Tel : +55-11-38.13.57.75
Fax : +55-11-38.12.40.79
Internet : www.gpbrasil.org

Situation géographique :
Interlagos se situe à une quinzaine de kilomètres au sud du centre-ville de Sao Paolo. L'aéroport de São Paolo-Guarulhos se trouve de l'autre côté de la ville, à 50 kilomètres au nord.

GP3 BRÉSIL

Date: Dimanche 6 avril 2003.
Circuit d'Interlagos à São Paulo
Départ: 13 heures locales, 19 heures en France.
Distance: 71 tours du circuit de 4,309 km soit 305,909 km.
Affluence en 2002 : 50 000 spectateurs le jour du GP.

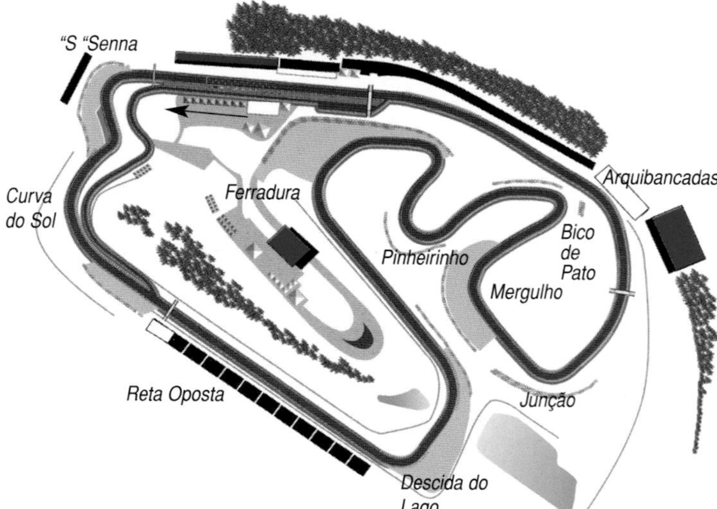

Statistiques 2002 :

Pole-position

Montoya (Williams-BMW) 1:13.114 (212,167 km/h).

Résultats du GP

1. M. Schumacher (Ferrari)	1:31:43.663 (200,098 km/h)
2. R. Schumacher (Williams-BMW)	à 0.588
3. Coulthard (McLaren-Mercedes)	à 59.109
4. Button (Renault)	à 1:06.883
5. Montoya (Williams-BMW)	à 1:07.563
6. Salo (Toyota)	à 1 tour
7. Irvine (Jaguar)	à 1tour
8. De la Rosa (Jaguar)	à 1 tour

Meilleur tour en course

Montoya (Williams-BMW) 1:16.079 (203,898 km/h).

Chaque année, des oiseaux de mauvaise augure se plaisent à annoncer la mort de l'épreuve brésilienne d'Interlagos. Après les années difficiles qui ont suivi la disparition d'Ayrton Senna, on ne donnait pas cher de l'avenir de ce Grand Prix. Puis l'arrivée chez Ferrari de Rubens Barrichello, l'enfant du pays, né à quelques centaines de mètres du circuit a redonné un énorme engouement à cette épreuve. Le paradoxe est énorme entre les favelas, ces cahutes misérables, crasseuses et surpeuplées qui entourent le circuit où se dépensent des millions de dollars. La piste fort bosselée qui tourne dans l'ordre inverse des aiguilles d'une montre est très exigeante pour les hommes et les machines.

C'est l'un des plus beaux circuits de la saison. Des pluies torrentielles peuvent bouleverser les cartes en quelques minutes. La piste avec la chaleur ambiante sèche très rapidement, donnant de nouveau du fil à retordre aux rescapés du cataclysme.

Le pilote brésilien Carlos Pace dont un buste en bronze est placé à l'entrée du circuit fut le vainqueur du Grand Prix du Brésil 1975. Surnommé "Moco", il était très populaire à São Paolo. Il disparut tragiquement dans un accident d'avion en 1977 avant que l'on baptise le circuit en sa mémoire.

Situé à la périphérie de cette énorme mégalopole, ce déplacement n'est pas le préféré du paddock. Pour beaucoup, le mot Brésil évoque les tropiques, le soleil, les plages de sable fin et les cocotiers. A Sào Paolo, la pollution, l'insécurité et la misère d'une partie importante de la population vous ramènent vite aux dures réalités de la vie.

Les records à battre :

Pole-position

Montoya (Williams-BMW) en 2002, 1:13.114 (212,167 km/h).

Moyenne record en course

M. Schumacher (Ferrari) en 2000, 1:31:35.271 (200,403 km/h).

Record du tour en course

M. Schumacher (Ferrari) en 2000, 1:14.755 (207,509 km/h).

Palmarès :

2002 : M. Schumacher (Ferrari)
2001 : D. Coulthard (McLaren-Mercedes)
2000 : M. Schumacher (Ferrari)
1999 : M. Häkkinen (McLaren-Mercedes)
1998 : M. Häkkinen (McLaren-Mercedes)
1997 : J. Villeneuve (Williams-Renault)
1996 : D. Hill (Williams-Renault)
1995 : M. Schumacher (Benetton-Renault)
1994 : M. Schumacher (Benetton-Ford)
1993 : A. Senna (McLaren-Ford)
1992 : N. Mansell (Williams-Renault)
1991 : A. Senna (McLaren-Honda)
1990 : A. Prost (Ferrari)
Etc.

Alain Prost a remporté six fois le Grand Prix du Brésil (1982, 84, 85, 87, 88 et 90). Il devance Michael Schumacher qui a gagné 4 fois (1994, 95, 2000 et 2002).

Emerson Fittipaldi remporta le premier GP du Brésil en 1973 à Interlagos.
En 2003, ce sera le 31e GP du Brésil.
Il a eu lieu au circuit d'Interlagos à proximité de São Paolo de 1973 à 1978, puis en 1980 et ensuite sans interruption depuis 1990. Il a aussi eu lieu à Jacarepagua (Rio de Janeiro) en 1978 et de 1981 à 1989 (10 fois).

Adresse :
Autodromo Internazionale Enzo e Dino Ferrari - Sagis Spa, Via Fratelli Rosselli 2, 40 026 Imola, Italie.
Tel : +39-0542-31.444
Fax : +39-0542-30.420
Internet : www.autodromoimola.com

Situation géographique :
Le circuit "Dino et Enzo Ferrari" se situe à 35 kilomètres au sud-est de Bologne, à quelques centaines de mètres du centre de la petite ville d'Imola. Les aéroports les plus proches sont situés à Bologne et à Forli.

GP4 SAINT-MARIN

Palmarès :

2002 : M. Schumacher (Ferrari)
2001 : R. Schumacher (Williams-BMW)
2000 : M. Schumacher (Ferrari)
1999 : M. Schumacher (Ferrari)
1998 : D. Coulthard (McLaren-Mercedes)
1997 : H.-H. Frentzen (Williams-Renault)
1996 : D. Hill (Williams-Renault)
1995 : D. Hill (Williams-Renault)
1994 : M. Schumacher (Benetton-Ford)
1993 : A. Prost (Williams-Renault)
1992 : N. Mansell (Williams-Renault)
1991 : A. Senna (McLaren-Honda)
1990 : R. Patrese (Williams-Renault)
Etc.

Ayrton Senna (1988, 89 et 91) et Alain Prost (1984, 86 et 93) se sont imposés tous deux à trois reprises à Imola.

Le premier Grand Prix de Saint-Marin a été remporté par Nelson Piquet (Brabham-Ford) en1981 à Imola.

En 2002, ce sera la 22e édition du Grand Prix de Saint-Marin.

En 80 avant Jésus Christ, en pleine gloire romaine, la ville d'Imola se nommait Cornelli Forum. Cette agglomération romaine était célèbre pour son immense amphithéâtre où se déroulait des courses de chars.
C'est près de 20 siècles plus tard que les chevaux vapeurs seront lâchés à Imola après la construction de la piste en 1950. Le circuit s'appelle aujourd'hui Enzo et Dino Ferrari pour honorer cette illustre famille encensée par les tifosis italiens. En 1952, pour la première fois de sa jeune histoire, une Ferrari de type 340 sport effectua des essais sur la piste d'Imola. C'était le début d'une belle et longue histoire d'amour.
Aujourd'hui encore, lors d'un Grand Prix, si les monoplaces frappées du petit cheval cabré abandonnent, une partie importante de l'assistance quittent le circuit avant la fin de la course.
Dans une région qui rappelle la Toscane, tout est accueillant. Seuls les embouteillages peuvent décourager les passionnés qui sont dénués de patience.
Il faut s'armer de calme pour rejoindre les autoroutes qui sont à proximité.
Traditionnellement, le Grand Prix de Saint-Marin marque le début de la saison européenne. C'est l'occasion pour les habitués du paddock de retrouver leurs habitudes et leurs aises… Chaque année, la guerre psychologique fait aussi rage derrière les stands pour impressionner les adversaires par de nouveaux motor-homes toujours plus luxueux. Il faut être en mesure de ridiculiser la concurrence…
L'austérité imposée par la FIA sera t-elle prise en compte dans ce domaine. Le palace de McLaren, inauguré l'an passé en grandes pompes marquera t-il la fin d'une époque ?

Les records à battre :

Pole-position

M. Schumacher (Ferrari) en 2002, 1:21.091 (218,998 km/h).

Moyenne record en course

M. Schumacher (Ferrari) en 2002, 1:29:10.789 (205,613 km/h).

Record du tour en course

Barrichello (Ferrari) en 2002, 1:24.170 (210,987 km/h).

Date : Dimanche 20 avril 2003
Autodromo Enzo & Dino Ferrari à Imola
Départ : 14 heures.
Distance : 62 tours du circuit de 4,933 km soit 305,609 km.
Affluence en 2002 : 108 000 spectateurs le jour du GP.

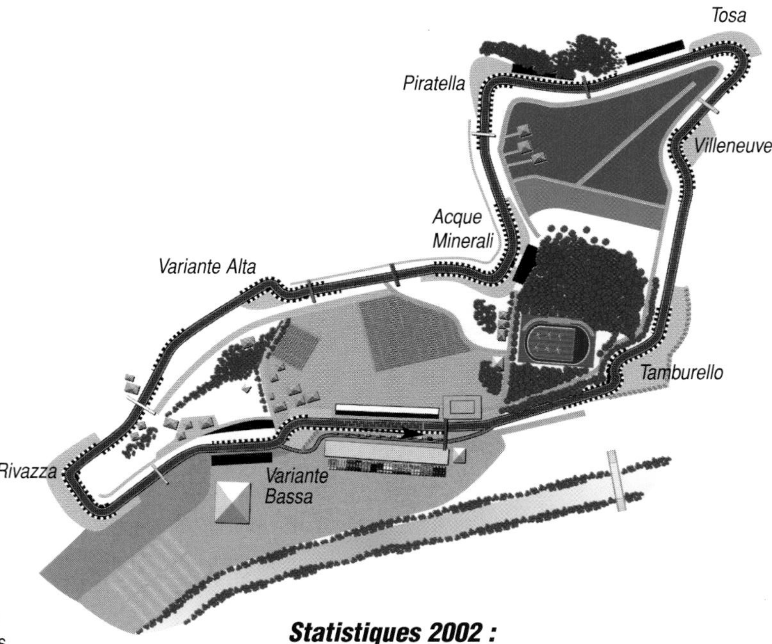

Statistiques 2002 :

Pole-position

M. Schumacher (Ferrari) 1:21.091 (218,998 km/h).

Résultats du GP

1. M. Schumacher (Ferrari)	1:29:10.789 (205,613 km/h)
2. Barrichello (Ferrari)	à 17.907
3. R. Schumacher (Williams-BMW)	à 19.755
4. Montoya (Williams-BMW)	à 44.725
5. Button (Renault)	à 1:23.395
6. Coulthard (McLaren-Mercedes)	à 1 tour
7. Villeneuve (BAR-Honda)	à 1 tour
8. Massa (Sauber-Petronas)	à 1 tour

Meilleur tour en course

Barrichello (Ferrari) 1:24.170 (210,987 km/h).

Adresse :
Circuit de Catalunya
RACC, AP de Correus 27,
08160 Montmelo, Espagne
Tel : +34-93-57.19.700
Fax : +34-93-57.22.772
Internet : www.circuitcat.com

Situation géographique :
Le circuit se situe à 20 kilomètres au nord-est de Barcelone. Les aéroports les plus proches sont ceux de Barcelone au sud, et de Gerone au nord. L'autoroute qui dessert Barcelone à la France passe à un kilomètre seulement du circuit.

GP5 ESPAGNE

Date : Dimanche 4 mai 2003.
Circuit de Catalunya, Barcelone, Montmelo
Départ : 14 heures.
Distance : 65 tours du circuit de 4,730 km soit 307,327 km.
Affluence en 2002 : 108 000 spectateurs le jour du GP.

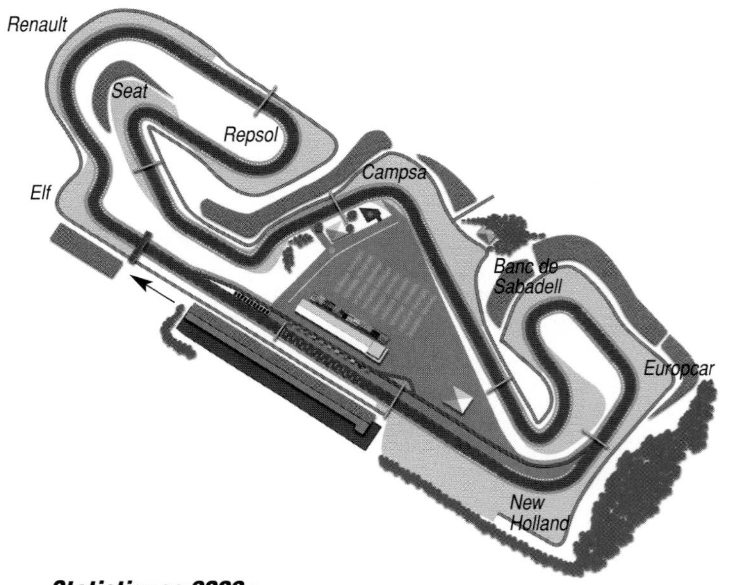

Statistiques 2002 :

Pole-position

M. Schumacher (Ferrari) 1:16.364 (222,984 km/h).

Résultats du GP

1. M. Schumacher (Ferrari)	1:30:29.981 (203,753 km/h)
2. Montoya (Williams-BMW)	à 35.630
3. Coulthard (McLaren-Mercedes)	à 42.623
4. Heidfeld (Sauber-Petronas)	à 1:06.697
5. Massa (Sauber-Petronas)	à 1:18.973
6. Frentzen (Arrows-Cosworth)	à 1:20.430
7. Villeneuve (BAR-Honda)	à 1 tour
8. McNish (Toyota)	à 1 tour

Meilleur tour en course

M. Schumacher (Ferrari) 1:20.355 (211,909 km/h).

En 2001, Bernie Ecclestone a chargé Philippe Gurdjian, l'un de ses hommes de confiance de s'occuper de la promotion du Grand Prix d'Espagne. Cette mission s'est avérée un succès. Situé à seulement une centaine de kilomètres au sud des Pyrénées, un fort contingent français est venu remplir les enceintes du circuit catalan. De nouvelles tribunes dont une gigantesque dominant la grille de départ ont permis d'augmenter sensiblement les zones d'accueil.

Depuis 1991, le Grand Prix d'Espagne se déroule à Barcelone. Le champ de vision des spectateurs est certainement une référence dans ce domaine. Il y a très peu de circuits qui offrent un tel panorama. Malheureusement, cette région industrielle n'est pas la plus pittoresque de ce pays.

Pilote d'essais chez Renault l'an passé, Fernando Alonso retrouve une place de titulaire après de brillants débuts chez Minardi en 2001. Dans cette équipe haut de gamme, il compte bien embraser les immenses tribunes de Barcelone après le départ de son compatriote catalan Pedro de la Rosa évincé de Jaguar.

Il pourra compter sur le support du Roi Juan Carlos qui est un véritable passionné de Formule 1. Depuis plusieurs années, il assiste avec un grand intérêt à cette épreuve après avoir salué tour à tour les pilotes et les dirigeants de toutes les écuries le dimanche matin après la parade.

De nombreuses séances d'essais sont organisées au cours de l'hiver sur le circuit de Barcelone. Le tracé technique permet de donner de très bons enseignements pour la mise au point des nouvelles voitures.

De plus, une météorologie souvent très favorable permet de mener à bien ces développements. Les pilotes séjournent donc souvent en Catalogne et apprécient cette piste exigeante, comme les passionnés qui ne regrettent pas leur déplacement. Le réseau autoroutier permet l'évacuation assez rapide du public et limite la durée des embouteillages qui sont souvent le cauchemar des spectateurs des Grands Prix…

Les records à battre :

Pole-position

M. Schumacher (Ferrari) en 2002, 1:16.364 (222,984 km/h).

Moyenne record en course

M. Schumacher (Ferrari) en 2002, 1:30:29.981 (203,753 km/h).

Record du tour en course

M. Schumacher (Ferrari) en 2002, 1:20.355 (211,909 km/h).

Palmarès :

2002 : M. Schumacher (Ferrari)
2001 : M. Schumacher (Ferrari)
2000 : M. Häkkinen (McLaren-Mercedes)
1999 : M. Häkkinen (McLaren-Mercedes)
1998 : M. Häkkinen (McLaren-Mercedes)
1997 : J. Villeneuve (Williams-Renault)
1996 : M. Schumacher (Ferrari)
1995 : M. Schumacher (Benetton-Renault)
1994 : D. Hill (Williams-Renault)
1993 : A. Prost (Williams-Renault)
1992 : N. Mansell (Williams-Renault)
1991 : N. Mansell (Williams-Renault)
1990 : A. Prost (Ferrari)
Etc.

Michael Schumacher s'est imposé quatre fois en Espagne (1995, 1996, 2001 et 2002). Il devance Alain Prost (1988, 90 et 93) et Jackie Stewart (1969,70 et 73) qui ont gagné trois fois chacun.

Juan Manuel Fangio a remporté le premier Grand Prix d'Espagne à Pedralbes le 28 octobre 1951.

En 2003, ce sera le 33e Grand Prix d'Espagne.
- 2 fois à Pedralbes (Barcelone) en 1951 et 1954.
- 9 fois à Jarama (Madrid) en 1968, 70, 72, 74, de 76 à 79 et en 81.
- 4 fois à Montjuich (Barcelone) en 1969, 71, 73 et 75.
- 13 fois au Circuit de Catalunya (Barcelone) de 1991 à 2003.

Adresse :
A1-Ring Austria, Ring Management
Rennstrecken Betriegs Gmbh
8724 Spielberg, Autriche
Tel : +43-35-77.75.30
Fax : +43-35-77.75 31.07
Internet : www.a1ring.at

Situation géographique :
Situé en plein centre du pays, l'A1-Ring qui s'appelait auparavant l'Österreichring se trouve à 200 kilomètres environ des principales villes autrichiennes. Le circuit se trouve à 200 kilomètres au sud-est de Vienne, et à une centaine au nord-est de Graz. L'autoroute passe à moins d'un kilomètre de l'entrée de la piste. Attention à la police autrichienne, qui ne plaisante pas avec les excès de vitesse, et aux gros embouteillages autour de Vienne le dimanche soir.

GP6 AUTRICHE

Palmarès :

2002 : M. Schumacher (Ferrari)
2001 : D. Coulthard (McLaren-Mercedes)
2000 : M. Häkkinen (McLaren-Mercedes)
1999 : E. Irvine (Ferrari)
1998 : M. Häkkinen (McLaren-Mercedes)
1997 : J. Villeneuve (Williams-Renault)
1987 : N. Mansell (Williams-Honda)
1986 : A. Prost (McLaren-TAG Porsche)
1985 : A. Prost (McLaren-TAG Porsche)
1984 : N. Lauda (McLaren-TAG Porsche)
1983 : A. Prost (Renault)
1982 : E. De Angelis (Lotus-Ford)
1981 : J. Laffite (Ligier-Matra)
1980 : J.-P. Jabouille (Renault)
Etc.

Alain Prost s'est imposé trois fois en Autriche ((1983, 85 et 86).

Laurenzo Bandini a remporté le premier GP d'Autriche le 23 août 1964 avec une Ferrari.

En 2002, ce sera le 26e Grand Prix d'Autriche, toujours disputé à Zeltweg. Il a eu lieu en 1964 sur la piste de l'aéroport. Il devint Österreichring de 1970 à 1987. Il s'appelle aujourd'hui A1-Ring depuis 1997.

A la fin du mois de janvier, Bernie Ecclestone a annoncé que le Grand Prix d'Autriche serait retiré du calendrier en 2004. Cette suppression est due à la modification des lois réglementant la publicité des tabacs. L'arrivée programmée des nouvelles épreuves en Chine et à Bahrein doit se faire au détriment de certaines autres.
Une clause du contrat autorisait cette décision. L'an passé, l'arrivée manipulée des deux Ferrari avait provoqué un grand désordre dans les tribunes autrichiennes. Le promoteur s'était élevé contre cet exercice de style et il redoutait un désintérêt de son public pour la Formule 1. Malgré l'appui des boissons énergétiques locales Red Bull pour sauver l'épreuve, cette décision semble irrévocable. Quelques semaines plus tard, on envisageait que la Belgique pourrait prendre la place vacante de l'Autriche si la législation belge en matière de tabac est modifiée.
Il est bien dommage que ce Grand Prix disparaisse du calendrier. Cette épreuve qui se déroulait dans un magnifique cirque de montagnes verdoyantes ne manquait pas de charmes. Certes, la carence hôtelière de la région a toujours nuit à ceux qui redoutent de dormir chez l'habitant. Une nouvelle page de tradition est entrain de se tourner. Aujourd'hui, les dollars et les uros ne font décidément pas bon ménage avec les romantiques. ". Les Autrichiens sont des gens fort accueillants et c'était toujours un plaisir de venir passer quelques jours dans cette région magnifique où la nature dévoile ses merveilles au printemps. Si vous ne connaissez pas cette région, c'est l'occasion ou jamais.

Les records à battre :

Pole-position

Barrichello (Ferrari) en 2002, 1:08.082 (228,747 km/h).

Moyenne record en course

Coulthard (McLaren-Mercedes) en 2001, 1:27:45.927 (209,977 km/h).

Record du tour en course

M. Schumacher (Ferrari) en 2002, 1:09.298 (224,733 km/h).

Date : Dimanche 18 mai 2003
Circuit de l'A1-Ring, Spielberg
Départ : 14 heures.
Distance : 71 tours du circuit de 4,326 km soit 307,146 km.
Affluence en 2002 : 91 000 spectateurs le jour du GP.

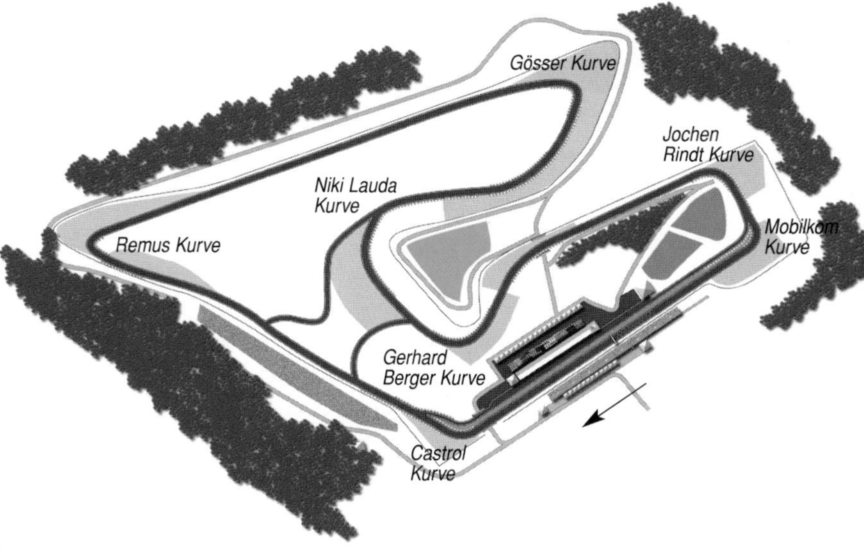

Statistiques 2002 :

Pole-position

Barrichello (Ferrari) 1:08.082 (228,747 km/h).

Résultats du GP

1. M. Schumacher (Ferrari)	1:33:51.562 (196,344 km/h)
2. Barrichello (Ferrari)	à 0.182
3. Montoya (Williams-BMW)	à 17.730
4. R. Schumacher (Williams-BMW)	à 18.448
5. Fisichella (Jordan-Honda)	à 49.965
6. Coulthard (McLaren-Mercedes)	à 50.672
7. Button (Renault)	à 51.229
8. Salo (Toyota)	à 1:09.425

Meilleur tour en course

M. Schumacher (Ferrari) 1:09.298 (224,733 km/h).

Adresse :
Automobile Club de Monaco
23, Bd Albert-1er, BP 464,
98 012 Monaco CEDEX
Tel : +377-93-15.26.00
Fax : +377-93-25.80.08
Internet : www.acm.mc

Situation géographique :
Le circuit se situe à 18 kilomètres à l'est de Nice et se dispute dans les rues de la principauté de Monaco. L'aéroport le plus proche est bien-sûr celui de Nice. On peut rejoindre Monte-Carlo en voiture, en train, par bateau et en hélicoptère.

GP7 MONACO

Date : Dimanche 1er juin 2003.
Circuit de Monaco à Monte Carlo
Départ : 14 heures.
Distance : 78 tours du circuit de 3,340 km soit 260,520 km.
Affluence en 2002 : 100 000 spectateurs le jour du GP dont 30 000 en tribunes.

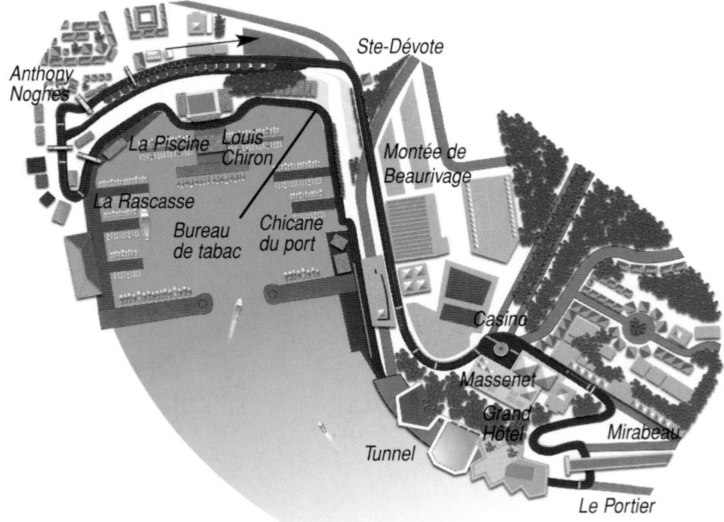

Statistiques 2002 :

Pole-position

Montoya (Williams-BMW) 1:16.676 (158,224 km/h).

Résultats du GP

1. Coulthard (McLaren-Mercedes) 1:45:39.055 (149,280 km/h)
2. M. Schumacher (Ferrari) à 1.050
3. R. Schumacher (Williams-BMW) à 1:17.450
4. Trulli (Renault) à 1 tour
5. Fisichella (Jordan-Honda) à 1 tour
6. Frentzen (Arrows-Cosworth) à 1 tour
7. Barrichello (Ferrari) à 1 tour
8. Heidfeld (Sauber-Petronas) à 2 tours

Meilleur tour en course

Barrichello (Ferrari) 1:18.023 (155,492 km/h).

Un projet d'aménagement du port permettra dans un avenir prochain de transférer la zone des stands sur le bord de mer et de construire de nouvelles enceintes pour le public. Dès cette année, le tracé sera modifié entre la sortie de la piscine et la Rascasse.

N'en déplaise aux blasés, aux réactionnaires, Monaco reste l'épreuve de référence de la saison des Grands Prix de Formule 1. Certes le prix des places n'est pas à la portée de toutes les bourses. Perchés dans les arbres ou sur le célèbre rocher princier, des milliers de passionnés peu fortunés suivent néanmoins cette épreuve mythique. De très nombreux italiens enflamment ces tribunes improvisées. Chaque mètre carré de la principauté est utilisé pour accueillir le plus grand nombre de spectateurs dans les tribunes qui ne réussissent pas, malgré tout à satisfaire la demande trop forte. Ils ne sont que 30 000 à en bénéficier.

Il y a heureusement d'autres moyens d'assister au Grand Prix de Monaco. En ne reculant devant aucun sacrifice, on peut acheter des places de terrasses se trouvant sur le tracé de la course. Ce phénomène est en pleine expansion. Beaucoup de propriétaires monégasques louent leurs résidences et leurs balcons qui plongent sur la piste le temps d'un week-end. De nombreuses sociétés ont recours à ce système pour recevoir leurs invités. Les locataires sous-louent leurs bureaux ou leurs appartements bien situés à des entreprises sans cesse plus nombreuses à utiliser ce système de réception en vogue.

En l'espace de quatre jours, ils paient et amortissent leur location annuelle. Si l'on a le pied marin, il y a aussi la possibilité de louer un bateau ou plutôt un yacht pour suivre la course et les fameuses soirées monégasques. Cet emplacement est idéal pour suivre les pérégrinations de la jet set.

Mais, à Monte-Carlo, le temps d'un week-end, le spectacle est principalement sur la piste. Le Grand Prix de Monaco est incomparable. Au pied de la "Grande bleue", sur un circuit d'une autre époque, entre un ciel et un mer d'azur, la fascination est partout. Monaco est unique.

Les records à battre :

Pole-position

Montoya (Williams-BMW) en 2002, 1:16.676 (158,224 km/h).

Moyenne record en course

Coulthard (McLaren-Mercedes) en 2002, 1:45:39.055 (149,280 km/h).

Record du tour en course

Barrichello (Ferrari) en 2002, 1:18.023 (155,492 km/h).

Palmarès :

2002 : D. Coulthard (McLaren-Mercedes)
2001 : M. Schumacher (Ferrari)
2000 : D. Coulthard (McLaren-Mercedes)
1999 : M. Schumacher (Ferrari)
1998 : M. Häkkinen (McLaren-Mercedes)
1997 : M. Schumacher (Ferrari)
1996 : O. Panis (Ligier-Mugen Honda)
1995 : M. Schumacher (Benetton-Renault)
1994 : M. Schumacher (Benetton-Ford)
1993 : A. Senna (McLaren-Ford)
1992 : A. Senna (McLaren-Honda)
1991 : A. Senna (McLaren-Honda)
1990 : A. Senna (McLaren-Honda)
Etc.

Ayrton Senna est le recordman des victoires à Monaco avec six victoires (1987 et de 89 à 93). Graham Hill (de 1963 à 65, et en 68 et 69) et Michael Schumacher (1994, 1995, 1997, 1999 et 2001) se sont imposés cinq fois. Alain Prost a triomphé quatre fois (de 1984 à 1986 et en 88).

Juan Manuel Fangio remporta le premier Grand Prix de Monaco organisé dans le cadre du championnat du monde le 21 mai 1950, au volant d'une Alfa Romeo.

En 2003, ce sera la 54e édition.

Adresse :
Grand Prix F1 du Canada Inc.
413 rue St Jacques, Suite 630
H2Y 1N9 Montréal, Canada
Tel : +1-514-350.47.31
Fax : +1-514-350.00.07
Internet : www.grandprix.ca

Situation géographique :
Le circuit de l'Ile Notre-Dame se situe à quelques kilomètres du centre-ville. Cette île a été le cadre de l'Exposition Internationale 67 et d'épreuves des Jeux Olympiques de 1976. L'aéroport international de Dorval est tout proche du centre de Montréal. Pour se rendre au circuit, le métro est le moyen de locomotion idéal.

GP8 CANADA

Palmarès :

2002 : M. Schumacher (Ferrari)
2001 : R. Schumacher (Williams-BMW)
2000 : M. Schumacher (Ferrari)
1999 : M. Häkkinen (McLaren-Mercedes)
1998 : M. Schumacher (Ferrari)
1997 : M. Schumacher (Ferrari)
1996 : D. Hill (Williams-Renault)
1995 : J. Alesi (Ferrari)
1994 : M. Schumacher (Benetton-Ford)
1993 : A. Prost (Williams-Renault)
1992 : G. Berger (McLaren-Honda)
1991 : N. Piquet (Benetton-Ford)
1990 : A. Senna (McLaren-Honda)
Etc.

Michael Schumacher a triomphé cinq fois au Canada (1994, 97, 98, 2000 et 2002).

Nelson Piquet s'est imposé trois fois au Canada (1982, 84 et 91).

Le premier Grand Prix du Canada fut remporté par Jack Brabham le 27 août 1967 sur une Brabham-Repco à Mosport.

En 2003, ce sera le 35e Grand Prix du Canada.
Il a eu lieu à :
- Mosport, 8 fois (1967, 69, de 1971 à 74 et en 76 et 77).
- Mont-Tremblant, 2 fois (1968 et 70).
- Montréal, 25 fois (de 1978 à 1986 et depuis 1988.)

Disputé sur l'Ile Notre Dame, à quelques kilomètres seulement du centre de Montréal, le Grand Prix du Canada est l'une des courses préférées du petit monde de la Formule 1. Les Canadiens sont des gens charmants et très accueillants. Ils sont toujours d'un enthousiasme débordant . La présence de Jacques Villeneuve sur la piste qui porte le nom de son père n'est pas étrangère à ce phénomène. Les spectateurs ne manquent pourtant pas d'encourager l'ensemble des concurrents avec vigueur.
Gilles Villeneuve remporta ce Grand Prix de Montréal en 1978 lors de la manche inaugurale sur ce circuit au volant d'une Ferrari. A cette époque, traditionnellement la série nord-américaine se disputait en fin de saison au mois d'octobre. Le mercure du thermomètre afficha cette année-là des températures presque négatives...
Les courses sont souvent passionnantes à Montréal et les coups de théâtre sont fréquents. Un décalage horaire très favorable à une heure de grande écoute le dimanche en fin d'après-midi favorise une excellente audience télévisée et contribue à asseoir la notoriété de la discipline.
Situé à seulement quelques heures d'avion de l'Europe, le dépaysement est total au Canada. Le Nouveau Monde affiche toute sa magie. La rue Sainte Catherine, célèbre artère commerçante est noire de monde lors de la semaine du Grand Prix. Toutes les vitrines sont décorées en l'honneur de la course. Cette ambiance de fête est présente à tous les coins de rues où des animations encensent la Formule 1.

Date : Dimanche 15 juin 2003
Circuit Gilles Villeneuve à Montréal
Départ : 13 heures locales, 19 heures en France.
Distance : 70 tours du circuit de 4,361 km soit 305,270 km.
Affluence en 2002 : 117 000 spectateurs le jour du GP.

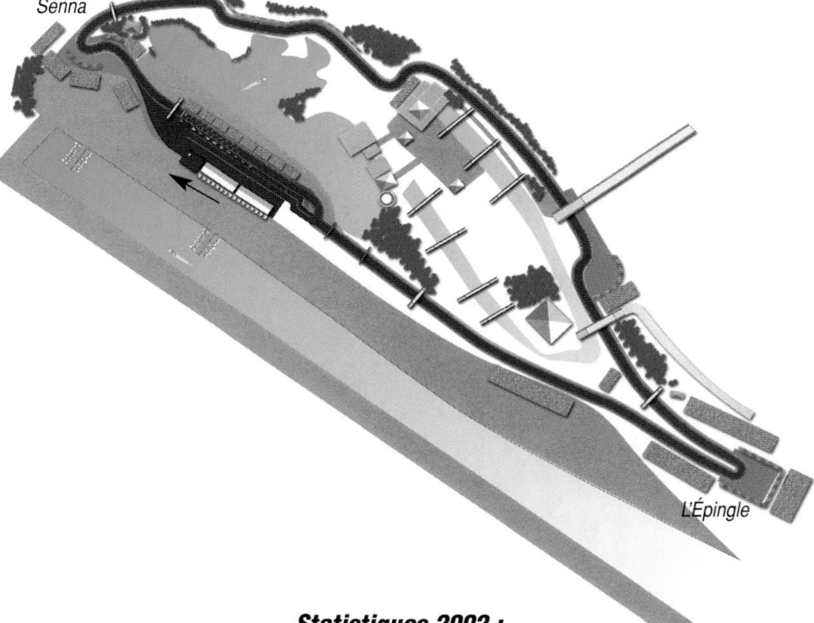

Les records à battre :

Pole-position
Montoya (Williams-BMW) en 2002, 1:12.836 (212,547 km/h).

Moyenne record en course
M. Schumacher (Ferrari) en 2002, 1:33:36.111 (195,682 km/h).

Record du tour en course
Montoya (Williams-BMW) en 2002, 1:15.960 (206,682 km/h).

Statistiques 2002 :

Pole-position
Montoya (Williams-BMW) 1:12.836 (212,547 km/h).

Résultats du GP

1. M. Schumacher (Ferrari)	1:33:36.111 (195,682 km/h)
2. Coulthard (McLaren-Mercedes)	à 1.132
3. Barrichello (Ferrari)	à 7.082
4. Räikkönen (McLaren-Mercedes)	à 37.563
5. Fisichella (Jordan-Honda)	à 42.812
6. Trulli (Renault)	à 48.947
7. R. Schumacher (Williams-BMW)	à 51.518
8. Panis (BAR-Honda)	à 1 tour

Meilleur tour en course
Montoya (Williams-BMW) 1:15.960 (206,682 km/h).

Adresse : Nürburgring Gmbh
53520 Nürburg, Allemagne
Tel : +49 (0)26-91.30.20
Fax : +49 (0)26-91.30.21.55
Internet : www.nuerburgring.de

Situation géographique :
Le Nürburgring se trouve à 90 km au sud-est de Cologne et à 60 km au nord-ouest de Koblenz. Les principaux aéroports sont à Cologne et à Dusseldorf (120 km). Un excellent réseau autoroutier dessert bien la région. Mais pour rejoindre les différentes autoroutes, il y a souvent de gros embouteillages le dimanche soir.

GP9 EUROPE

Date : Dimanche 29 juin 2003.
Circuit du Nürburgring, Massif de l'Eifel en Allemagne.
Départ : 14 heures.
Distance : 60 tours du circuit de 5,148 km soit 308,880 km.
Affluence 2002 : 157 000 spectateurs le jour du GP.

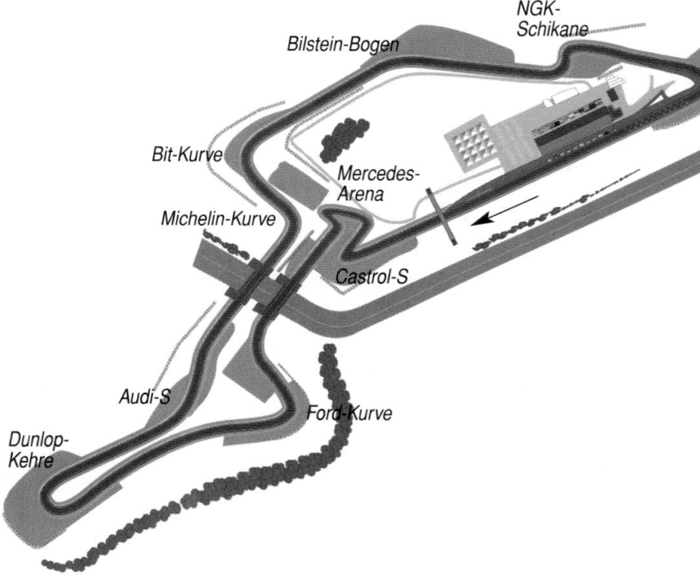

L'Allemagne rime actuellement avec Formule 1. Il y a en premier lieu l'incontestable suprématie de Michael Schumacher sur le monde des Grands Prix. Il y ensuite les excellentes performances de son frère Ralf et de ses autres compatriotes. Il y a enfin la présence au sommet des constructeurs Mercedes et BMW . Rien ne s'oppose à l'organisation de deux épreuves dans ce pays.

Le circuit du Nürburgring est un nom mythique du sport automobile.

L'ancien tracé est aujourd'hui un site touristique qui se visite et qui émeut les nostalgiques de la grande époque. Si vous avez un jour l'opportunité d'effectuer un tour de ce juge de paix, vous concevrez aisément que l'on ne peut plus aujourd'hui lâcher la meute des monoplaces sur les 22 kilomètres du vieux Nürburgring. C'est donc sur une piste empruntant seulement quelques centaines de mètres du grand circuit que se dispute le Grand Prix d'Europe. Dominé par le mystérieux château du Nürburg, cette piste moderne a repris le concept de Hockenheim. C'est un immense stade automobile où les spectateurs ont une vision panoramique.

Les supporters allemands viennent en masse. Ils sont plus de cent mille à se presser dans les tribunes qui entourent la piste.

Une nouvelle portion a été crée l'an passé au bout de la ligne droite de départ. Cette partie est sélective et permet d'allonger la longueur du tracé.

Ce Grand Prix n'est malgré tout pas une étape de prédilection des pilotes et du paddock. Les conditions estivales sont rares. Dans le massif de l'Eifel, les chutes de neige sont fréquentes au printemps…

Palmarès :

2002 : R. Barrichello (Ferrari)
2001 : M. Schumacher (Ferrari)
2000 : M. Schumacher (Ferrari)
1999 : J. Herbert (Stewart-Ford)
1998 : M. Häkkinen (McLaren-Mercedes)
1997 : J. Villeneuve (Williams-Renault)
1996 : J. Villeneuve (Williams-Renault)
1995 : M. Schumacher (Benetton-Renault)
1994 : M. Schumacher (Benetton-Ford)
1993 : A. Senna (McLaren-Ford)
1985 : N. Mansell (Williams-Honda)
1984 : A. Prost (McLaren-TAG Porsche)

En 2003, ce sera le 13e Grand Prix d'Europe, remporté à quatre reprises par Michael Schumacher (1994, 1995, 2000 et 2001).

Statistiques 2002 :

Pole-position

Montoya (Williams-BMW) 1:129.906 (206,055 km/h).

Résultats du GP

1. Barrichello (Ferrari)	1:35:07.426 (194,741 km/h).
2. M. Schumacher (Ferrari)	à 0.294
3. Räikkönen (McLaren-Mercedes)	à 46.435
4. R. Schumacher (Williams-BMW)	à 1:06.963
5. Button (Renault)	à 1:16.943
6. Massa (Sauber-Petronas)	à 1 tour
7. Heidfeld (Sauber-Petronas)	à 1 tour
8. Trulli (Renault)	à 1 tour

Meilleur tour en course

M. Schumacher (Ferrari) 1:32.226 (200,871 km/h).

Les records à battre :

Pole-position

Montoya (Williams-BMW) en 2002, 1:129.906 (206,055 km/h).

Moyenne record en course

Barrichello (Ferrari) en 2002, 1:35:07.426 (194,741 km/h).

Record du tour en course

M. Schumacher (Ferrari) en 2002, 1:32.226 (200,871 km/h).

Adresse :
Circuit de Nevers-Magny-Cours
Technopole, 58470 Magny-Cours
France.
Tel : +33 (0)3.86.21.80.00
Fax : +33 (0)3.86.21.80.80
Internet : www.magnyf1.com

Situation géographique :
Le circuit de Nevers-Magny-Cours se trouve à 12 kilomètres au sud de Nevers, à 250 kilomètres au sud de Paris et à 220 kilomètres au nord de Lyon. Il n'y a pas d'aéroport international à 200 kilomètres à la ronde. C'est un cauchemar pour les étrangers.

GP10 FRANCE

Palmarès :

2002 : M. Schumacher (Ferrari)
2001 : M. Schumacher (Ferrari)
2000 : D. Coulthard (McLaren-Mercedes)
1999 : H.H. Frentzen (Jordan-Mugen Honda)
1998 : M. Schumacher (Ferrari)
1997 : M. Schumacher (Ferrari)
1996 : D. Hill (Williams-Renault)
1995 : M. Schumacher (Benetton-Renault)
1994 : M. Schumacher (Benetton-Ford)
1993 : A. Prost (Williams-Renault)
1992 : N. Mansell (Williams-Renault)
1991 : N. Mansell (Williams-Renault)
1990 : A. Prost (Ferrari)
Etc.

Alain Prost a remporté six fois le Grand Prix de France (1981, 83, de 88 à 90 et 93), comme Michael Schumacher (1994 et 95, 97, 98 , 2001 et 2002).

Juan Manuel Fangio a gagné le premier Grand Prix de France à Reims le 2 juillet 1950 au volant d'une Alfa Romeo.

En 2003, ce sera le 53e Grand Prix de France.

- Reims : (11 fois) 1950, 51,53, 54, 56, de 58 à 61,63 et 66.
- Rouen : (5 fois) 1952, 57, 62, 64 et 68.
- Clermont-Ferrand : (4 fois) 1965, 69, 70 et 72.
- Le Mans : (1 fois) 1967.
- Le Castellet : (14 fois) 1971, 73,75, 76, 78, 80, 82, 83, de 85 à 90.
- Dijon-Prenois : (5 fois) 1974, 77, 79, 81 et 84.
- Magny-Cours : (13 fois) de 1991 à 2003.

En 2002, Michael Schumacher a été sacré champion du monde pour la cinquième fois à la suite de sa victoire à Magny-Cours.
Situé au milieu de nulle part, comme se plaisent à le dire nos amis anglais, la région qui accueille la manche française du championnat du monde n'a pas que des inconvénients. Certes, les gens du cru ont la fâcheuse tendance à arnaquer leurs locataires occasionnels en mal de logement. La capacité hôtelière est insuffisante. On se consolera vite avec les excellents vins et produits du terroir.
Cette année, une nouvelle bretelle située avant la zone des stands va pimenter les débats. Comme au bout de la fameuse ligne droite d'Adelaïde, les pilotes vont pouvoir de nouveau se dépasser et enflammer les tribunes qui ceinturent cette portion.
Les organisateurs comptent que ces travaux gigantesques renforcent l'engouement du public venus des quatre coins de l'Europe.
Le Grand Prix de France retrouve cette année sa date fétiche du début du mois de juillet.

Date : Dimanche 6 juillet 2003
Circuit de Nevers Magny-Cours, en Bourgogne.
Départ : 14 heures.
Distance : 70 tours du circuit de 4,411 km soit 308,770 km.
Affluence en 2002 : 129 000 spectateurs le jour du GP.

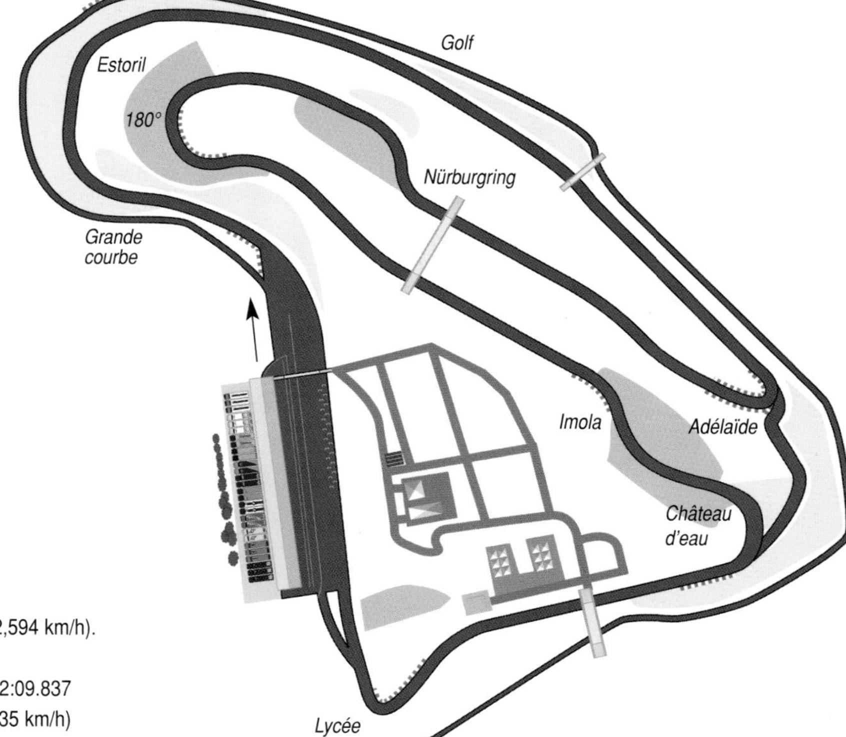

Statistiques 2002 :

Pole-position
Montoya (Williams-BMW) 1:11.985 (212,594 km/h).

Résultats du GP

1. M. Schumacher (Ferrari)	1:32:09.837 (199,135 km/h)
2. Räikkönen (McLaren-Mercedes)	à 1.105
3. Coulthard (McLaren-Mercedes)	à 31.976
4. Montoya (Williams-BMW)	à 40.676
5. R. Schumacher (Williams-BMW)	à 41.773
6. Button (Renault)	à 1 tour
7. Heidfeld (Sauber-Petronas)	à 1 tour
8. Webber (Minardi-Asiatech)	à 1 tour

Meilleur tour en course
Coulthard (McLaren-Mercedes) 1:15.045 (203,925 km/h).

Les records à battre (ancien tracé) :

Pole-position
Montoya (Williams-BMW) en 2002, 1:11.985 (212,594 km/h).

Moyenne record en course
M. Schumacher (Ferrari) en 2002, 1:32:09.837 (199,135 km/h).

Record du tour en course
Coulthard (McLaren-Mercedes) en 2002, 1:15.045 (203,925 km/h).

Adresse :
Silverstone Circuits Ltd
Northamptonshire, NN 12 8TN
Grande-Bretagne
Tel : +44 (0)1327-85.72.71
Fax : +44 (0)1327-85.76.63
Internet : www.silverstone-circuit.co.uk

Situation géographique :
Le circuit de Silverstone se trouve à 110 km au nord-est de Londres, à 25 km au sud-est de Northampton et à 45 km d'Oxford. Les aéroports les plus proches sont ceux de Birmingham (50 km), Luton et Londres-Heathrow.

GP11 GRANDE-BRETAGNE

Date : Dimanche 20 juillet 2003
Circuit de Silverstone
Départ : 13 heures locales, 14 heures en France.
Distance : 60 tours du circuit de 5,141 km soit 308,356 km.
Affluence en 2002 : 65 000 spectateurs le jour du GP.

Luffield
Woodcote
Bridge
Brooklands
Club
Priory
Abbey
Vale
Copse
Stowe
Hangar Straight
Becketts
Maggotts
Chapel

Statistiques 2002 :

Pole-position

Montoya (Williams-BMW) 1:18.998 (234,279 km/h).

Résultats du GP

1. M. Schumacher (Ferrari)	1:31:45.015 (201,649 km/h)
2. Barrichello (Ferrari)	à 14.578
3. Montoya (Williams-BMW)	à 31.661
4. Villeneuve (BAR-Honda)	à 1 tour
5. Panis (BAR-Honda)	à 1 tour
6. Heidfeld (Sauber-Petronas)	à 1 tour
7. Fisichella (Jordan-Honda)	à 1 tour
8. R. Schumacher (Williams-BMW)	à 1 tour

Meilleur tour en course

Barrichello (Ferrari) 1:23.083 (222,760 km/h).

Silverstone est l'un des vestiges de la Formule 1. Dessiné sur un vieil aéroport de la Royal Air Force, balayé par des pluies fréquentes et par un éternel vent glacé, cette piste est malgré tout une légende. Située comme Magny-Cours au milieu de nulle part, nos amis anglais sont mal placés pour critiquer l'épreuve française. Les légendaires embouteillages et les conditions d'accueil rustiques et rudimentaires de Silverstone n'ont rien à voir avec les standards du monde des Grands Prix. Si Silverstone n'était pas en Angleterre, il y a bien longtemps que cette épreuve aurait disparu du calendrier…

Le circuit qui se targue d'être le "cœur du sport automobile" traverse une mauvaise passe. En l'an 2001, l'épreuve s'est déroulée au mois d'avril. Des dizaines de milliers de spectateurs se sont embourbés dans les parkings indignes de ce nom. Beaucoup d'autres n'ont même pas eu la chance d'y parvenir et ont rebroussé chemin avant la course. Des travaux colossaux ont été mis en route l'an passé pour transformer les accès et rendre l'épreuve accessible dans des conditions décentes. Octagon Motorsport, l'organisateur a volontairement limité le nombre d'entrées en augmentant les tarifs de façon significative.

D'autres travaux importants devraient modifier le circuit et les infrastructures dans un avenir proche. La pérennité de cette épreuve est à ce prix. L'an passé, Bernie Ecclestone a qualifié Silverstone de kermesse champêtre qui se prend pour un évènement mondial à la suite d'une altercation avec des contrôleurs pour une histoire de validité de parking…

Les records à battre :

Pole-position

Montoya (Williams-BMW) en 2002, 1:18.998 (234,279 km/h).

Moyenne record en course

M. Häkkinen (McLaren-Mercedes) en 2001, 1:25:33.770 (216,231 km/h).

Record du tour en course

Barrichello (Ferrari) en 2002, 1:23.083 (222,760 km/h).

Palmarès :

2002 : M. Schumacher (Ferrari)
2001 : M. Häkkinen (McLaren-Mercedes)
2000 : D. Coulthard (McLaren-Mercedes)
1999 : D. Coulthard (McLaren-Mercedes)
1998 : M. Schumacher (Ferrari)
1997 : J. Villeneuve (Williams-Renault)
1996 : J. Villeneuve (Williams-Renault)
1995 : J. Herbert (Benetton-Renault)
1994 : D. Hill (Williams-Renault)
1993 : A. Prost (Williams-Renault)
1992 : N. Mansell (Williams-Renault)
1991 : N. Mansell (Williams-Renault)
1990 : A. Prost (Ferrari)
Etc.

Alain Prost (1983, 85, 89, 90 et 93) et Jim Clark (1962, 63, 64, 65 et 67) ont remporté chacun cinq fois cette épreuve.

Nino Farina a gagné le premier Grand Prix de Grande-Bretagne le 1er mai 1950 à Silverstone, au volant d'une Alfa Romeo.

En 2003, ce sera la 54e édition du Grand Prix de Grande-Bretagne. Il a eu lieu 36 fois à Silverstone (de 1950 à 58, en 60, 63, 65, 67, 69, 71, 73, 75, 77, 79, 81, 83, 85 et sans interruption depuis 1987. Il s'est déroulé 12 fois à Brands Hatch (en 1964, 66, 68, 70, 72, 74, 76, 80, 82, 84 et 86 en alternance avec Silverstone). Il a eu lieu 5 fois à Aintree (en 1955, 57, 59, 61 et 62).

Adresse :
Hockenheim Gmbh,
Postfach 1106,
68754 Hockenheim
Allemagne
Tel : +49 (0)62-05.40.31
Fax : +49 (0)62-05.95.02.99
Internet : www.hockenheim.de

Situation géographique :
Le circuit se situe à 90 kilomètres au sud de Francfort, à 110 kilomètres au nord-est de Stuttgart et à une vingtaine de kilomètres de la vieille ville d'Heidelberg. Bordé d'autoroutes, il est très facile d'accès.

GP12 ALLEMAGNE

Palmarès :
2002 : M. Schumacher (Ferrari)
2001 : R. Schumacher (Williams-BMW)
2000 : R. Barrichello (Ferrari)
1999 : E. Irvine (Ferrari)
1998 : M. Häkkinen (McLaren-Mercedes)
1997 : G. Berger (Benetton-Renault)
1996 : D. Hill (Williams-Renault)
1995 : M. Schumacher (Benetton-Renault)
1994 : G. Berger (Ferrari)
1993 : A. Prost (Williams-Renault)
1992 : N. Mansell (Williams-Renault)
1991 : N. Mansell (Williams-Renault)
1990 : A. Senna (McLaren-Honda)
Etc.

Juan Manuel Fangio (1954, 56 et 57), Nelson Piquet (1981, 86 et 87) et Ayrton Senna (1988, 89 et 90) ont gagné chacun trois fois au Grand Prix d'Allemagne.

Alberto Ascari a remporté le premier Grand Prix d'Allemagne le 29 juillet 1951 au Nürburgring, avec une Alfa Romeo.

En 2002, ce sera le 50e Grand Prix d'Allemagne. Le Grand Prix d'Allemagne s'est déroulé 23 fois sur le Nürburgring (de 1951 à 54, de 56 à 58, de 61 à 69, de 71 à 76 et en 1985). Maintenant, c'est le Grand Prix d'Europe qui y a lieu depuis 1999.
L'Avus de Berlin a accueilli le GP d'Allemagne une seule fois en 1959, et Hockenheim 26 fois (1970, de 1977 à 84 et depuis 1986).

Cet ancien circuit ovale a été réouvert à la compétition en 1966. A cette époque, la piste était composée d'une partie sinueuse dessinée dans un type d'amphithéâtre gigantesque, le stadium. Le circuit était ensuite constitué de deux très longues lignes droites situées dans la forêt. Suite à la mort de Jim Clark dans une épreuve de Formule 2 en 1968, des chicanes furent dessinées pour ralentir l'allure folle des monoplaces.
L'an passé, pour remédier au manque d'intérêt de toute la partie forestière du circuit, la piste a été redessinée entre les premières et troisièmes chicanes. Cette nouvelle portion a permis de construire de grandes tribunes qui ont amélioré la rentabilité du Grand Prix. Les pilotes ont apprécié ces modifications. Tout est donc le mieux dans le meilleur des mondes.
Les supporters des frères Schumacher s'en donnent à cœur joie. Cette épreuve est l'une des plus colorées de la saison. Le passage des voitures dans le stadium est impressionnant. Chaque apparition de la Ferrari de Michael Schumacher, est saluée par des centaines de fusées multicolores, des drapeaux et une foule en délire. La "ola" est aussi un excellent moyen d'éviter les insomnies qui guettent les spectateurs qui ont eu des nuits agitées dans les campings. La bière coule à flots et les pyramides de canettes sont impressionnantes devant certaines tentes…

Date : Dimanche 3 août 2003
Hockenheimring
Départ : 14 heures.
Distance : 67 tours du circuit de 4,574 km soit 306,458 km.
Affluence en 2002 : 118 000 spectateurs le jour du GP.

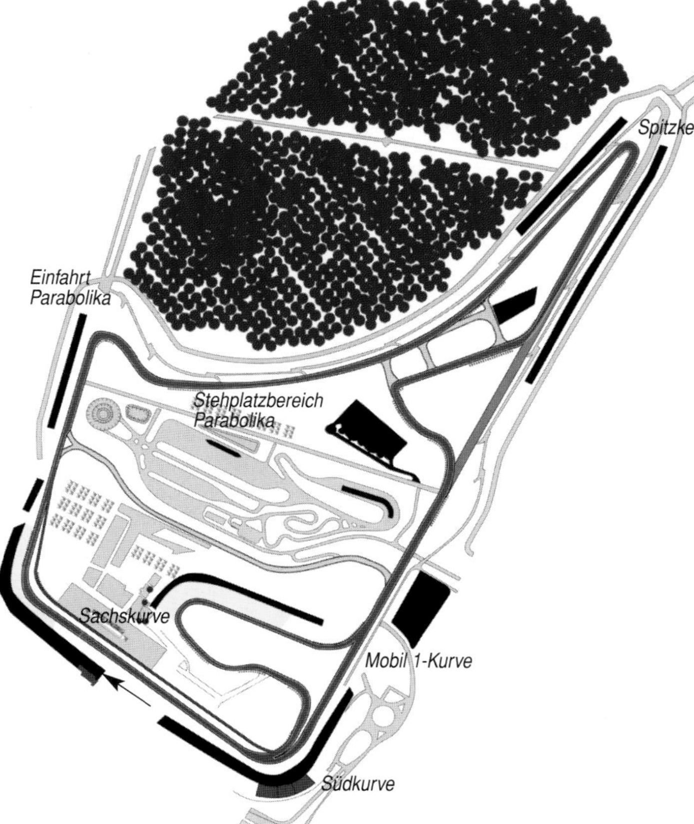

Statistiques 2002 :

Pole-position
M. Schumacher (Ferrari) 1:14.389 (221,355 km/h).

Résultats du GP

1. M. Schumacher (Ferrari)	1:27:52.078 (209,262 km/h)
2. Montoya (Williams-BMW)	à 10.503
3. R. Schumacher (Williams-BMW)	à 14.466
4. Barrichello (Ferrari)	à 23.195
5. Coulthard (McLaren-Mercedes)	à 1 tour
6. Heidfeld (Sauber-Petronas)	à 1 tour
7. Massa (Sauber-Petronas)	à 1 tour
8. Sato (Jordan-Honda)	à 1 tour

Meilleur tour en course
M. Schumacher (Ferrari) 1:16.462 (215,354 km/h).

Les records à battre :

Pole-position
M. Schumacher (Ferrari) en 2002, 1:14.389 (221,355 km/h).

Moyenne record en course
M. Schumacher (Ferrari) en 2002, 1:27:52.078 (209,262 km/h).

Record du tour en course
M. Schumacher (Ferrari) en 2002, 1:16.462 (215,354 km/h).

Adresse :
Hungaroring Sport Rt
2146 Mogyorod PF 10, Hongrie
Tel : +36-28-444.444
Fax : +36 28-441.860
Internet : www.hungaroring.hu

Situation géographique :
Le Hungaroring se situe à 20 kilomètres au nord-est de Budapest et de Ferihegy, son aéroport international. Une autoroute dessert le circuit. Dimanche soir, n'hésitez pas à vous glisser derrière les escortes de police pour éviter les inévitables embouteillages.

GP13 HONGRIE

Date : Dimanche 24 août 2003
Circuit du Hungaroring à Budapest
Départ : 14 heures.
Distance : 70 tours du circuit de 4,384 km soit 306,88 km.
Affluence en 2002 : 58 000 spectateurs le jour du GP.

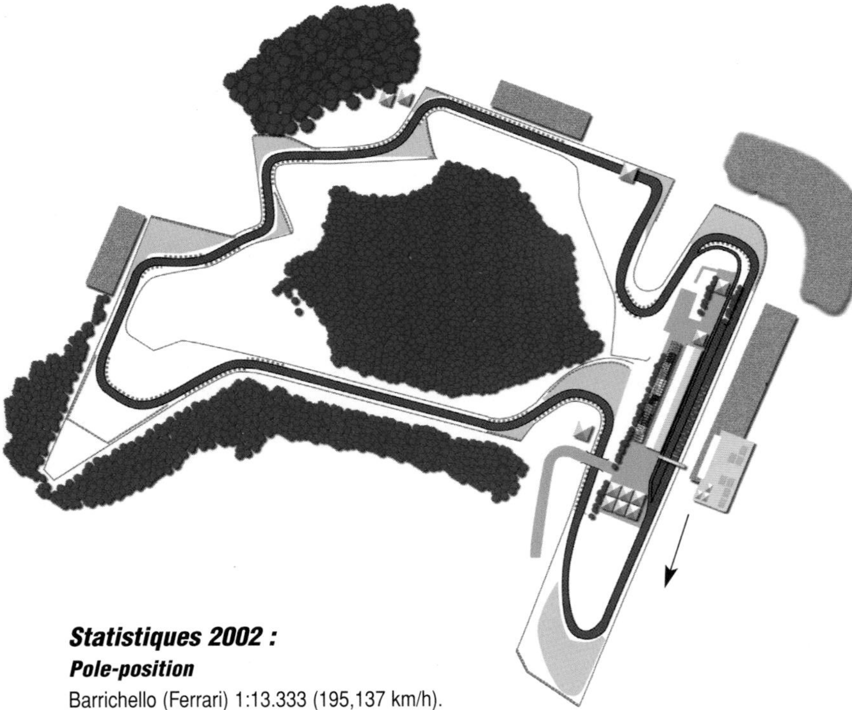

Bernie Ecclestone songe depuis longtemps organiser un Grand Prix en Russie. Il s'est même déplacé plusieurs fois à Moscou dans cette optique. Un projet gigantesque était même sorti des cartons. Puis la conjoncture économique a fait capoter ce plan audacieux. Bernie ne désespère pas de venir un jour dans ce pays mais ce n'est pas pour demain. Le Grand Prix de Hongrie dont les jours étaient comptés peut respirer. Les organisateurs soucieux d'assurer l'avenir ont lancés d'importants travaux. La ligne droite de départ sera rallongée et se terminera par une épingle sans doute fort spectaculaire. D'autre part, une autre zone favorable aux dépassements va être crée de l'autre côté du circuit. Budapest va peut-être sortir de sa léthargie et de sa torpeur estivale. Sur une piste où doubler est un art périlleux, on a trop souvent assisté à de pénibles processions.

C'était fort dommage car la région est magnifique et les magyars sont des gens charmants. C'est l'une des rares circuits qui a su conserver son aspect champêtre et verdoyant. A deux petites heures d'avion de Paris, le dépaysement est certain. La ville de Budapest, chargée d'histoire, est l'une des plus belles villes d'Europe et le Grand prix de Hongrie peut être une destination fort agréable pour les aoûtiens curieux de découvrir de nouveaux horizons.

Statistiques 2002 :

Pole-position

Barrichello (Ferrari) 1:13.333 (195,137 km/h).

Résultats du GP

1. Barrichello (Ferrari) 1:41:49.001 (180,364 km/h).
2. M. Schumacher (Ferrari) à 0.434
3. R. Schumacher (Williams-BMW) à 13.355
4. Räikkönen (Mclaren-Mercedes) à 29.479
5. Coulthard (McLaren-Mercedes) à 37.800
6. Fisichella (Jordan-Honda) à 1:08.804
7. Massa (Sauber-Petronas) à 1:13.612
8. Trulli (Renault) à 1 tour

Meilleur tour en course

M. Schumacher (Ferrari) 1:16.207 (187,778 km/h).

Les records à battre (ancien tracé) :

Pole-position

Barrichello (Ferrari) en 2002, 1:13.333 (195,137 km/h).

Moyenne record en course

Barrichello (Ferrari) en 2002 : 1:41:49.001 (180,364 km/h).

Record du tour en course

M. Schumacher (Ferrari) en 2002, 1:16.207 (187,778 km/h).

Palmarès :

2002 : R. Barrichello (Ferrari)
2001 : M. Schumacher (Ferrari)
2000 : M. Häkkinen (McLaren-Mercedes)
1999 : M. Häkkinen (McLaren-Mercedes)
1998 : M. Schumacher (Ferrari)
1997 : J. Villeneuve (Williams-Renault)
1996 : J. Villeneuve (Williams-Renault)
1995 : D. Hill (Williams-Renault)
1994 : M. Schumacher (Benetton-Ford)
1993 : D. Hill (Williams-Renault)
1992 : A. Senna (McLaren-Honda)
1991 : A. Senna (McLaren-Honda)
1990 : T. Boutsen (Williams-Renault)
Etc.

Ayrton Senna (1988, 91 et 92) et Michael Schumacher (1994, 98 et 2001) ont remporté trois fois le Grand Prix de Hongrie. Jacques Villeneuve (1996 et 97) et Damon Hill (1993 et 95) ont chacun gagné deux fois à Budapest.

Nelson Piquet a triomphé lors du premier Grand Prix de Hongrie, au volant d'une Williams, le 10 août 1986.

En 2003, ce sera le 18e Grand Prix de Hongrie, toujours disputé sur l'Hungaroring de Budapest.

Adresse :
Automobile Club di Milano
Corso Venezia 43
20121 Milano, Italie
Tel : +39-02-77.45.228
Fax : +39-02-78.18.44
Internet : www.monzanet.it

Situation géographique :
Le circuit de Monza se situe dans le parc de la ville, à une quinzaine de kilomètres au nord-est de Milan. Il est bien desservi par plusieurs autoroutes. Linate et Malpensa sont les deux aéroports internationaux de la région. Attention aux légendaires embouteillages du dimanche soir ! N'en perdez pas votre latin !

GP14 ITALIE

Palmarès :

2002 : R. Barrichello (Ferrari)
2001 : J.-P. Montoya (Williams-BMW)
2000 : M. Schumacher (Ferrari)
1999 : H.-H. Frentzen (Jordan-Mugen Honda)
1998 : M. Schumacher (Ferrari)
1997 : D. Coulthard (McLaren-Mercedes)
1996 : M. Schumacher (Ferrari)
1995 : J. Herbert (Benetton-Renault)
1994 : D. Hill (Williams-Renault)
1993 : D. Hill (Williams-Renault)
1992 : A. Senna (McLaren-Honda)
1991 : N. Mansell (Williams-Renault)
1990 : A. Senna (McLaren-Honda)
Etc.

Nelson Piquet a remporté quatre fois ce Grand Prix (1980, 83, 86 et 87). Juan Manuel Fangio (1953, 54 et 55), Stirling Moss (1956, 57 et 59), Ronnie Peterson (1973, 74 et 76), Alain Prost (1981, 85 et 89) et Michael Schumacher (1996, 98 et 2000) ont chacun gagné à trois reprises.

Giuseppe Farina a remporté le premier Grand Prix d'Italie comptant pour le championnat du monde, le 3 septembre 1950 à Monza.

En 2003 aura lieu le 54e Grand Prix d'Italie. Il a toujours été organisé à Monza, sauf en 1980 où il se déroula à Imola.

Après la disparition de Spa au calendrier 2003, comme le Nürburgring, Silverstone et Monaco, Monza est l'un des derniers vestiges de l'histoire de la Formule 1. C'est l'une des épreuves traditionnelles de la saison. Depuis la création du championnat du monde en 1950, le Grand Prix d'Italie a toujours eu lieu à Monza sauf en 1980 où Imola avait eu l'honneur d'organiser cette épreuve.
Cette ancienne piste en ovale dont on peut encore explorer une partie des virages relevés, s'est mis année après année en conformité avec le législateur toujours plus exigeant. Le circuit se situe dans le parc de Monza. Les écologistes mènent la vie dure aux organisateurs milanais. Chaque coupe d'arbres est considérée comme un sacrilège.
La fièvre de Monza est un phénomène unique en son genre. Il faut pouvoir la vivre. Lors des essais, chaque apparition des Ferrari en piste est un évènement d'une importance capitale. Si lors de la qualification, l'une des rouges s'empare de la pole position, le speaker s'emballe comme le firent les commentateurs brésiliens pour annoncer un but du roi Pelé lors de la coupe du Monde de football 1970. En cette fin d'été, le cadre du parc et l'ambiance des tifosi rendent ce déplacement inoubliable. En 2002, un doublé des Ferrari avaient fait chavirer les enceintes de Monza moins peuplées que les années précédentes. A vaincre sans péril, on triomphe sans gloire. Les spectateurs italiens ont peut-être boudé le trop facile défilé des rouges depuis le début de la saison ?

Les records à battre :

Pole-position
Montoya (Williams-BMW) en 2002, 1:20.264 (259,998 km/h).
Moyenne record en course
Barrichello (Ferrari) en 2002, 1:16:19.982 (241,090 km/h).
Record du tour en course
Barrichello (Ferrari) en 2002, 1:23.657 (249,289 km/h).

Date : Dimanche 14 septembre 2003
Autodromo nazionale Monza
Départ : 14 heures.
Distance : 53 tours du circuit de 5,793 km soit 306,764 km.
Affluence en 2002 : 60 000 spectateurs le jour du GP.

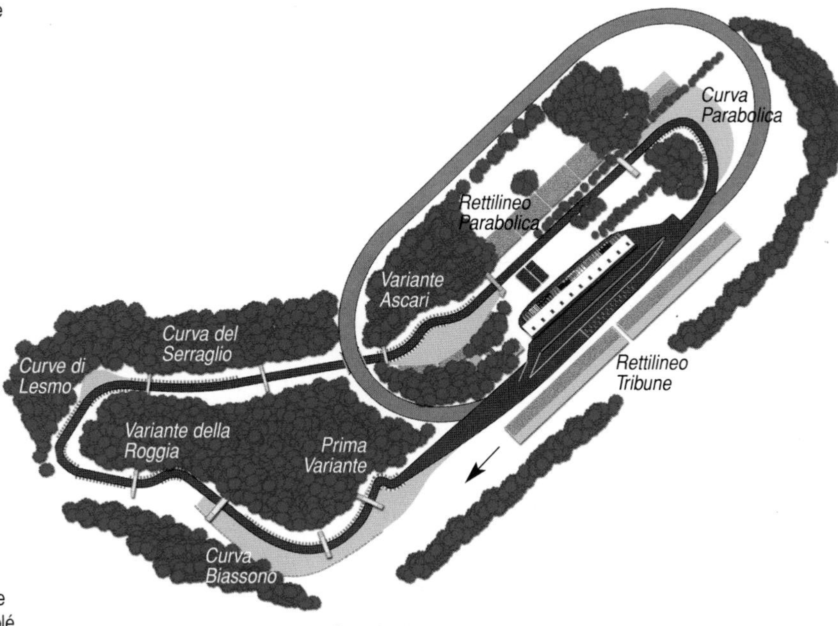

Statistiques 2002 :

Pole-position
Montoya (Williams-BMW) 1:20.264 (259,998 km/h).
Résultats du GP

1. Barrichello (Ferrari)	1:16:19.982 (241,090 km/h).
2. M. Schumacher (Ferrari)	à 0.255
3. Irvine (Jaguar)	à 52.579
4. Trulli (Renault)	à 58.219
5. Button (Renault)	à 1:07.770
6. Panis (BAR-Honda)	à 1:08.491
7. Coulthard (McLaren-Mercedes)	à 1:09.047
8. Fisichella (Jordan-Honda)	à 1:10.891

Meilleur tour en course
Barrichello (Ferrari) 1:23.657 (249,289 km/h).

Adresse :
International Motor Speedway
4790 West 16th Street
Indianapolis, Indiana 46 222
Etats-Unis
Tel : +1-317-484.67.80
Fax : +1-317-484.64.82
Internet : www.usgpindy.com

Situation géographique :
Indianapolis est la capitale de l'état d'Indiana, situé dans la région du Midwest, au sud des Grands Lacs. Le fameux circuit ovale qui sert de cadre à la piste de F1se trouve à une dizaine de kilomètres du centre-ville dans la banlieue ouest. Cette cité de 700000 habitants est à 300 kilomètres au sud-est de Chicago et à 400 kilomètres au nord-est de Saint-Louis. >>>

GP15 ETATS-UNIS

Date : Dimanche 28 septembre 2003
Circuit d'Indianapolis
Départ : 13 heures locales, 20 heures en France.
Distance : 73 tours du circuit de 4,192 km soit 306,016 km.
Affluence en 2002 : 120 000 spectateurs le jour du GP.

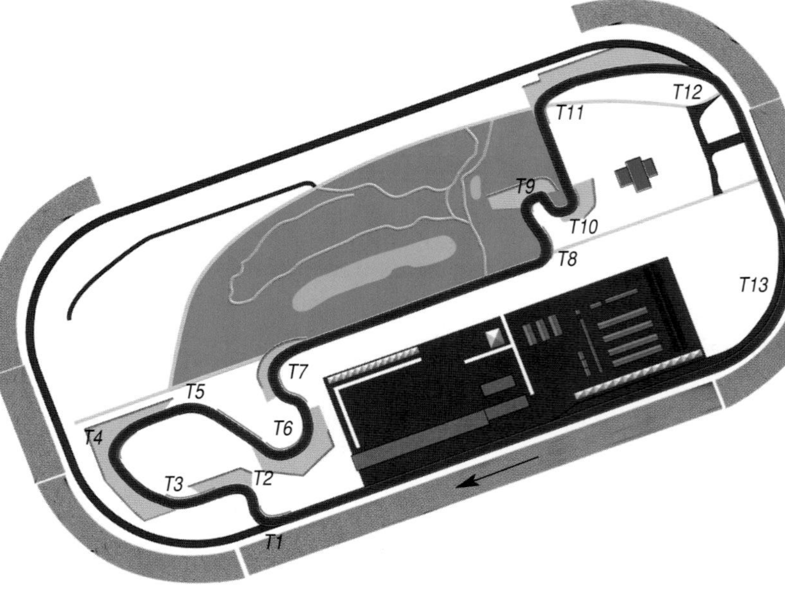

Dans le cadre grandiose et mythique de l'ovale d'Indianapolis, le Grand Prix des Etats-Unis est maintenant devenu un classique du championnat. En 2002, une incompréhension entre Schumacher et Barrichello sur la ligne d'arrivée avait donné la victoire à ce dernier. Le public a apprécié fort modérément cette issue étrange qui cette fois-là n'était pas programmée…

Si, au cours de la saison 2003, Juan Pablo Montoya est en mesure de taquiner l'ogre de la Scuderia Ferrari, on peut compter sur la présence massive, colorée et bruyante de la colonie colombienne pour défier les hordes des tifosi.

Dans les gigantesques tribunes d'Indy, le ballet des drapeaux ne sera que plus impressionnant et enthousiasmant.

Cette étape américaine est très importante pour les commanditaires et les constructeurs de la Formule 1. Malgré tout, le public local, particulièrement nationaliste a du mal à se passionner pour ces pilotes étrangers. On parle depuis quelques temps de projets d'écuries américaines en Formule 1. Danny Sullivan qui a effectué une saison en F1 en 1983 est chargé par Red Bull de constituer une filière de jeunes pilotes qui font école en Europe. Avec la présence d'au moins un de leurs compatriotes sur la piste, les tribunes seront combles et enflammées. Ce sera une autre histoire. L'an passé, la présence toute symbolique de Sarah Fisher, l'une des stars des ovales sur une McLaren l'espace d'un petit tour avait transcendé les Ricains.

>>>
L'aéroport d'Indianapolis n'est pas en ligne directe avec les principales villes européennes. Attention aux retards le dimanche soir qui risquent de perturber vos vols en correspondance.

Palmarès :

2002 : R. Barrichello (Ferrari)
2001 : M. Häkkinen (McLaren-Mercedes)
2000 : M. Schumacher (Ferrari)
...
1991 : A. Senna (McLaren-Honda)
1990 : A. Senna (McLaren-Honda)

Ayrton Senna, le roi des circuits en ville avait remporté cinq Grands Prix des Etats-Unis (1986, 87, 89, 90 et 91).

Bruce McLaren a gagné le premier Grand Prix des Etats-Unis disputé à Sebring le 12 décembre 1959 au volant d'une Cooper-Climax.

Après une absence de 9 ans, le Grand Prix des Etats-Unis est de nouveau au calendrier depuis 2000. Auparavant, il y eu jusqu'à trois épreuves, à Detroit, Long Beach et Dallas. Dans les années cinquante, les 500 Miles d'Indianapolis comptaient pour le championnat du monde des pilotes.

En 2003 aura lieu le 47e Grand Prix des Etats-Unis, qui fut organisé sur les circuits suivants : Sebring (1959), Riverside (1960), Watkins Glen (de 1961 à 1980), Long Beach (de 1976 à 1983), Las Vegas (1981 et 1982), Detroit (de 1982 à 1988), Dallas (1984), Phoenix (de 1989 à 1991) et Indy depuis 2000.

Statistiques 2002 :

Pole-position

M. Schumacher (Ferrari) 1:10.790 (213,182 km/h).

Résultats du GP

1. Barrichello (Ferrari)	1:31:07.934 (201,475 km/h).
2. M. Schumacher (Ferrari)	à 0.011
3. Coulthard (McLaren-Mercedes)	à 7.799
4. Montoya (Williams-BMW)	à 9.911
5. Trulli (Renault)	à 56.847
6. Villeneuve (BAR-Honda)	à 58.211
7. Fisichella (Jordan-Honda)	à 1 tour
8. Button (Renault)	à 1 tour

Meilleur tour en course

Barrichello (Ferrari) 1:12.738 (207,473 km/h).

Les records à battre :

Pole-position

M. Schumacher (Ferrari) en 2002, 1:10.790 (213,182 km/h).

Moyenne record en course

Barrichello (Ferrari) en 2002, 1:31:07.934 (201,475 km/h).

Record du tour en course

Barrichello (Ferrari) en 2002, 1:12.738 (207,473 km/h).

Adresse :
Suzuka Circuitland Co Ltd
7992 Ino-cho, Suzuka-shi,
Mie-kem 510-0295, Japon
Tel : +81-593-78.36.20
Fax : +81-593-78.36.25
Internet : www.suzukacircuit.co.jp

Situation géographique :
Le circuit de Suzuka se situe à 500 kilomètres au sud-est de Tokyo, à 150 kilomètres à l'est d'Osaka et à 70 kilomètres de Nagoya. Le Japon est vraiment un autre monde. L'hôtel du circuit est réservé aux pilotes et aux dirigeants des équipes. Les mécaniciens, le personnel des équipes et les journalistes se logent dans les petites villes environnantes, où le dépaysement est garanti.

GP16 JAPON

Palmarès :

2002 : M. Schumacher (Ferrari)
2001 : M. Schumacher (Ferrari)
2000 : M. Schumacher (Ferrari)
1999 : M. Häkkinen (McLaren-Mercedes)
1998 : M. Häkkinen (McLaren-Mercedes)
1997 : M. Schumacher (Ferrari)
1996 : D. Hill (Williams-Renault)
1995 : M. Schumacher (Ferrari)
1994 : D. Hill (Williams-Renault)
1993 : A. Senna (McLaren-Ford)
1992 : N. Mansell (Williams-Renault)
1991 : G. Berger (McLaren-Honda)
1990 : N. Piquet (Benetton-Ford)
Etc.

M. Schumacher a remporté à cinq reprises le Grand Prix du Japon (1995, 97, 2000, 2001 et 2002). M. Häkkinen (en 1998 et 99), D. Hill (en 1994 et 96) et G. Berger (en 1987 et 91) ont tout trois gagné deux fois.

Mario Andretti s'est adjugé le premier Grand Prix du Japon sur le circuit du Mont-Fuji, le 24 octobre 1976 au volant d'une Lotus.

En 2003 aura lieu la 19e édition du Grand Prix du Japon, organisé deux fois au Mont-Fuji (1976 et 77), puis à Suzuka depuis 1987.

En 2002,devant une foule en délire, le petit Takuma Sato a réalisé une performance exceptionnelle à Suzuka au volant de sa Jordan-Honda. Sa cinquième place a eu un retentissement formidable. Devant les siens, transcendé après son excellente septième place aux essais, il a enflammé les tribunes, tour après tour. Porté en triomphe par ses mécaniciens, de longues heures après le Grand Prix des milliers de supporters scandaient encore son nom devant les stands.
Quelle belle bouffée d'oxygène pour nous sortir de la torpeur et le ronronnement monotone des trop nombreuses processions des Ferrari.
Malheureusement, la crise économique fait rage. Les investisseurs japonais ont été frileux. Ils n'ont pas mis les moyens pour permettre à leur jeune héros de conserver sa place chez Jordan. Le gentil et souriant Sato devra se contenter d'un strapontin chez BAR avant de revenir sur le devant de la scène en 2004.
Des travaux ont modifié la fameuse chicane avant les stands ou Senna et Prost s'étaient accrochés en 1989 ainsi que la virage précédent où Allan McNish était sorti miraculeusement indemne d'une effroyable sortie de route l'an passé. Située dans un parc d'attractions destiné au personnel des usines Honda, le circuit de Suzuka sera-t-il cette année pris d'assaut par le public japonais ?
L'an passé, Honda et Toyota avaient invité des milliers de personnes pour faire admirer leurs produits et redonner des couleurs à ce Grand Prix qui n'a toujours pas fait son deuil d'Ayrton Senna. Comme jadis, on peut toujours espérer que l'issue du championnat se joue encore lors de cette dernière course de la saison…

Statistiques 2002 :

Pole-position

M. Schumacher (Ferrari) 1:31.317 (229,481 km/h).

Résultats du GP

1. M. Schumacher (Ferrari)	1:26:59.698 (212,644 km/h).
2. Barrichello (Ferrari)	à 0.506
3. Räikkönen (McLaren-Mercedes)	à 23.292
4. Montoya (Williams-BMW)	à 36.275
5. Sato (Jordan-Honda)	à 1:22.694
6. Button (BAR-Honda)	à 1 tour
7. Heidfeld (Sauber-Petronas)	à 1 tour
8. Salo (Toyota)	à 1 tour

Meilleur tour en course

M. Schumacher (Ferrari) 1:36.125 (218,003 km/h).

Date : Dimanche 12 octobre 2003
Circuit de Suzuka
Départ : 14 heures 30 locales, 7 heures 30 du matin en France.
Distance : 53 tours du circuit de 5,807 km soit 307,770 km.
Affluence en 2002 : 155 000 spectateurs le jour du GP.

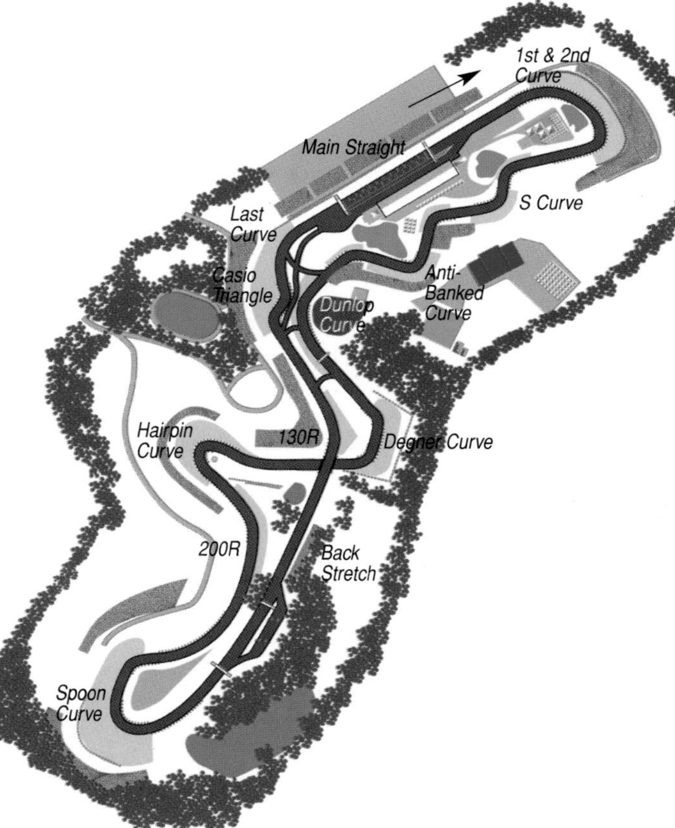

Les records à battre (ancien tracé) :

Pole-position

M. Schumacher (Ferrari) en 2002, 1:31.317 (229,481 km/h).

Moyenne record en course

M. Schumacher (Ferrari) en 2002, 1:26:59.698 (212,644 km/h).

Record du tour en course

M. Schumacher (Ferrari) en 2002, 1:36.125 (218,003 km/h).

GP1 Australie

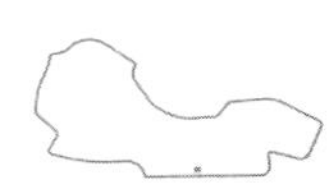

9 mars Melbourne

Pole position	M. Schumacher	1:27.173	218,999 km/h
Meilleur tour en course	Räikkönen	1:27.724	217,623 km/h

Grille de départ	Course	Championnat	
1. M. Schumacher	1. Coulthard	1. Coulthard	10
2. Barrichello	2. Montoya	2. Montoya	8
3. Montoya	3. Räikkönen	3. Räikkönen	6
4. Frentzen	4. M. Schumacher	4. M. Schumacher	5
5. Panis	5. Trulli	5. Trulli	4
6. Villeneuve	6. Frentzen	6. Frentzen	3
7. Heidfeld	7. Alonso	7. Alonso	2
8. Button	8. R. Schumacher	8. R. Schumacher	1

GP2 Malaisie

23 mars Sepang

Pole position	Alonso	1:37.044	205,626 km/h
Meilleur tour en course	M. Schumacher	1:36.412	206,974 km/h

Grille de départ	Course	Championnat	
1. Alonso	1. Räikkönen	1. Räikkönen	16
2. Trulli	2. Barrichello	2. Coulthard	10
3. M. Schumacher	3. Alonso	3. Montoya	8
4. Coulthard	4. R. Schumacher	4. Barrichello	8
5. Barrichello	5. Trulli	5. Alonso	8
6. Heidfeld	6. M. Schumacher	6. M. Schumacher	8
7. Räikkönen	7. Button	7. Trulli	8
8. Montoya	8. Heidfeld	8. R. Schumacher	6

GP3 Brésil

6 avril Interlagos

Pole position

Meilleur tour en course

Grille de départ	Course	Championnat
1.	1.	1.
2.	2.	2.
3.	3.	3.
4.	4.	4.
5.	5.	5.
6.	6.	6.
7.	7.	7.
8.	8.	8.

GP4 Saint-Marin

20 avril Imola

Pole position

Meilleur tour en course

Grille de départ	Course	Championnat
1.	1.	1.
2.	2.	2.
3.	3.	3.
4.	4.	4.
5.	5.	5.
6.	6.	6.
7.	7.	7.
8.	8.	8.

GP5 Espagne

4 mai Barcelone

Pole position

Meilleur tour en course

Grille de départ	Course	Championnat
1.	1.	1.
2.	2.	2.
3.	3.	3.
4.	4.	4.
5.	5.	5.
6.	6.	6.
7.	7.	7.
8.	8.	8.

GP6 Autriche

18 mai A1-Ring

Pole position

Meilleur tour en course

Grille de départ	Course	Championnat
1.	1.	1.
2.	2.	2.
3.	3.	3.
4.	4.	4.
5.	5.	5.
6.	6.	6.
7.	7.	7.
8.	8.	8.

GP7 Monaco

1er juin Monte Carlo

Pole position

Meilleur tour en course

Grille de départ	Course	Championnat
1.	1.	1.
2.	2.	2.
3.	3.	3.
4.	4.	4.
5.	5.	5.
6.	6.	6.
7.	7.	7.
8.	8.	8.

GP8 Canada

15 juin Montréal

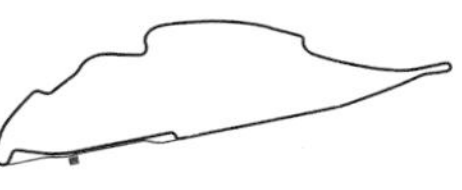

Pole position

Meilleur tour en course

Grille de départ	Course	Championnat
1.	1.	1.
2.	2.	2.
3.	3.	3.
4.	4.	4.
5.	5.	5.
6.	6.	6.
7.	7.	7.
8.	8.	8.

GP9 Europe

29 juin Nürburgring

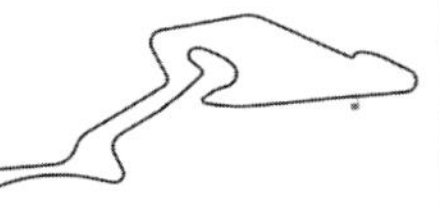

Pole position

Meilleur tour en course

Grille de départ	Course	Championnat
1.	1.	1.
2.	2.	2.
3.	3.	3.
4.	4.	4.
5.	5.	5.
6.	6.	6.
7.	7.	7.
8.	8.	8.

GP10 France

6 juillet Magny-Cours

Pole position

Meilleur tour en course

Grille de départ	Course	Championnat
1.	1.	1.
2.	2.	2.
3.	3.	3.
4.	4.	4.
5.	5.	5.
6.	6.	6.
7.	7.	7.
8.	8.	8.

GP11 Grande-Bretagne

20 juillet Silverstone

Pole position

Meilleur tour en course

Grille de départ	Course	Championnat
1.	1.	1.
2.	2.	2.
3.	3.	3.
4.	4.	4.
5.	5.	5.
6.	6.	6.
7.	7.	7.
8.	8.	8.

GP12 Allemagne

3 août Hockenheim

Pole position

Meilleur tour en course

Grille de départ	Course	Championnat
1.	1.	1.
2.	2.	2.
3.	3.	3.
4.	4.	4.
5.	5.	5.
6.	6.	6.
7.	7.	7.
8.	8.	8.

GP13 Hongrie

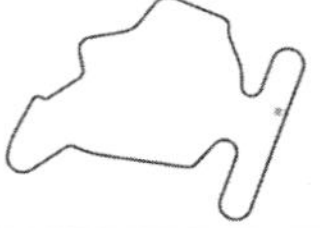

24 août Hungaroring

Pole position

Meilleur tour en course

Grille de départ	Course	Championnat
1.	1.	1.
2.	2.	2.
3.	3.	3.
4.	4.	4.
5.	5.	5.
6.	6.	6.
7.	7.	7.
8.	8.	8.

GP14 Italie

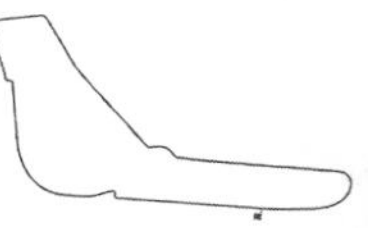

14 septembre Monza

Pole position

Meilleur tour en course

Grille de départ	Course	Championnat
1.	1.	1.
2.	2.	2.
3.	3.	3.
4.	4.	4.
5.	5.	5.
6.	6.	6.
7.	7.	7.
8.	8.	8.

GP15 Etats-Unis

28 septembre Indianapolis

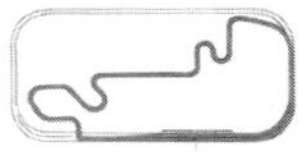

Pole position

Meilleur tour en course

Grille de départ	Course	Championnat
1.	1.	1.
2.	2.	2.
3.	3.	3.
4.	4.	4.
5.	5.	5.
6.	6.	6.
7.	7.	7.
8.	8.	8.

GP16 Japon

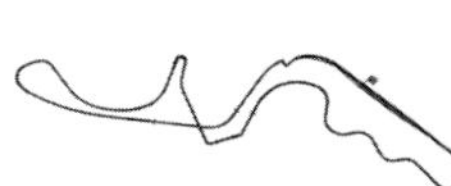

12 octobre Suzuka

Pole position

Meilleur tour en course

Grille de départ	Course	Championnat
1.	1.	1.
2.	2.	2.
3.	3.	3.
4.	4.	4.
5.	5.	5.
6.	6.	6.
7.	7.	7.
8.	8.	8.

Classement Final Pilotes

1.	11.
2.	12.
3.	13.
4.	14.
5.	15.
6.	16.
7.	17.
8.	18.
9.	19.
10.	20.

Classement Final Constructeurs

1.
2.
3.
4.
5.
6.
7.
8.
9.
10.

Toutes les statistiques sont arrêtées au 31 décembre 2002.
L'augmentation du nombre des Grands Prix disputés a tendance à fausser les résultats de certaines statistiques. Il est aujourd'hui plus facile de grimper dans la hiérarchie de ces classements. Néanmoins, il n'est en aucun cas question de déprécier la valeur des pilotes contemporains.
D'autre part, le système d'attribution des points a évolué plusieurs fois depuis 1950.

- De 1950 à 1959 : 8 points au 1er, 6 points au 2nd, 4 points au 3e, 3 points au 4e, 2 points au 5e, et 1 point à l'auteur du record du tour.
- En 1960, on supprime le point du record du tour pour l'attribuer au 6e.
- En 1961, le vainqueur obtient un point supplémentaire (9 points)
- En 1991, un autre point supplémentaire est accordé au vainqueur (10 points) pour favoriser le panache.
- En 2003, les huit premiers d'une épreuve marquent des points.

STATISTIQUES → 1950-2002

CLASSEMENT FINAL DU CHAMPIONNAT DU MONDE DES PILOTES 2002

		Points
1. Michael Schumacher	(Ferrari)	144
2. Rubens Barrichello	(Ferrari)	77
3. Juan Pablo Montoya	(Williams-BMW)	50
4. Ralf Schumacher	(Williams-BMW)	42
5. David Coulthard	(McLaren-Mercedes)	41
6. Kimi Räikkönen	(McLaren-Mercedes)	24
7. Jenson Button	(Renault)	14
8. Jarno Trulli	(Renault)	9
9. Eddie Irvine	(Jaguar)	8
10. Nick Heidfeld	(Sauber-Petronas)	7
11. Giancarlo Fisichella	(Jordan-Honda)	7
12. Jacques Villeneuve	(BAR-Honda)	4
13. Felipe Massa	(Sauber-Petronas)	4
14. Olivier Panis	(BAR-Honda)	3
15. Takuma Sato	(Jordan-Honda)	2
16. Mark Webber	(Minardi-Asiatech)	2
17. Mika Salo	(Toyota)	2
18. Heinz-Harald Frentzen	(Arrows-Cosworth/ Sauber-Petronas)	2
Puis		
19. Allan McNish	(Toyota)	0
20.Alex Yoong	(Minardi-Asiatech)	0
21. Pedro de la Rosa	(Jaguar)	0
22. Enrique Bernoldi	(Arrows-Cosworth)	0
23. Anthony Davidson	(Minardi-Asiatech)	0

CLASSEMENT FINAL DU CHAMPIONNAT DU MONDE DES CONSTRUCTEURS 2002

	Points	Poles	Victoires
1. Ferrari	221	10	15
2. Williams-BMW	92	7	1
3. McLaren-Mercedes	65		1
4. Renault	23		
5. Sauber-Petronas	11		
6. Jordan-Honda	9		
7. Jaguar	8		
8. BAR-Honda	7		
9. Minardi-Asiatech	2		
10. Toyota	2		
11. Arrows-Cosworth	2		

PILOTES – LES CHAMPIONS DU MONDE

1950	Guiseppe Farina	(Italie)	Alfa Romeo
1951	Juan Manuel Fangio	(Argentine)	Alfa Romeo
1952	Alberto Ascari	(Italie)	Ferrari
1953	Alberto Ascari	(Italie)	Ferrari
1954	Juan Manuel Fangio	(Argentine)	Mercedes / Maserati
1955	Juan Manuel Fangio	(Argentine)	Mercedes
1956	Juan Manuel Fangio	(Argentine)	Ferrari
1957	Juan Manuel Fangio	(Argentine)	Maserati
1958	Mike Hawthorn	(Grande-Bretagne)	Ferrari
1959	Jack Brabham	(Australie)	Cooper-Climax
1960	Jack Brabham	(Australie)	Cooper-Climax
1961	Phil Hill	(Etats-Unis)	Ferrari
1962	Graham Hill	(Grande-Bretagne)	BRM
1963	Jim Clark	(Grande-Bretagne)	Lotus-Climax
1964	John Surtees	(Grande-Bretagne)	Ferrari
1965	Jim Clark	(Grande-Bretagne)	Lotus-Climax
1966	Jack Brabham	(Australie)	Brabham-Repco
1967	Dennis Hulme	(Nouvelle-Zélande)	Brabham-Repco
1968	Graham Hill	(Grande-Bretagne)	Lotus-Ford
1969	Jackie Stewart	(Grande-Bretagne)	Matra-Ford
1970	Jochen Rindt	(Autriche)	Lotus-Ford
1971	Jackie Stewart	(Grande-Bretagne)	Tyrrell-Ford
1972	Emerson Fittipaldi	(Brésil)	Lotus-Ford
1973	Jackie Stewart	(Grande-Bretagne)	Tyrrell-Ford
1974	Emerson Fittipaldi	(Brésil)	McLaren-Ford
1975	Niki Lauda	(Autriche)	Ferrari
1976	James Hunt	(Grande-Bretagne)	McLaren-Ford
1977	Niki Lauda	(Autriche)	Ferrari
1978	Mario Andretti	(Etats-Unis)	Lotus-Ford
1979	Jody Scheckter	(Afrique du Sud)	Ferrari
1980	Alan Jones	(Australie)	Williams-Ford
1981	Nelson Piquet	(Brésil)	Brabham-Ford
1982	Keke Rosberg	(Finlande)	Williams-Ford
1983	Nelson Piquet	(Brésil)	Brabham-BMW
1984	Niki Lauda	(Autriche)	McLaren-TAG Porsche
1985	Alain Prost	(France)	McLaren-TAG Porsche
1986	Alain Prost	(France)	McLaren-TAG Porsche
1987	Nelson Piquet	(Brésil)	Williams-Honda
1988	Ayrton Senna	(Brésil)	McLaren-Honda
1989	Alain Prost	(France)	McLaren-Honda
1990	Ayrton Senna	(Brésil)	McLaren-Honda
1991	Ayrton Senna	(Brésil)	McLaren-Honda
1992	Nigel Mansell	(Grande-Bretagne)	Williams-Renault
1993	Alain Prost	(France)	Williams-Renault
1994	Michael Schumacher	(Allemagne)	Benetton-Ford
1995	Michael Schumacher	(Allemagne)	Benetton-Renault
1996	Damon Hill	(Grande-Bretagne)	Williams-Renault
1997	Jacques Villeneuve	(Canada)	Williams-Renault
1998	Mika Häkkinen	(Finlande)	McLaren-Mercedes
1999	Mika Häkkinen	(Finlande)	McLaren-Mercedes
2000	Michael Schumacher	(Allemagne)	Ferrari
2001	Michael Schumacher	(Allemagne)	Ferrari
2002	Michael Schumacher	(Allemagne)	Ferrari

CONSTRUCTEURS - LES CHAMPIONS DU MONDE

En 1958, une Coupe des constructeurs de Formule 1 est crée. En 1982, elle est transformée en Championnat du monde des constructeurs.

1958	Vanwall	1973	Lotus	1988	McLaren
1959	Cooper	1974	McLaren	1989	McLaren
1960	Cooper	1975	Ferrari	1990	McLaren
1961	Ferrari	1976	Ferrari	1991	McLaren
1962	BRM	1977	Ferrari	1992	Williams
1963	Lotus	1978	Lotus	1993	Williams
1964	Ferrari	1979	Ferrari	1994	Williams
1965	Lotus	1980	Williams	1995	Benetton
1966	Brabham	1981	Williams	1996	Williams
1967	Brabham	1982	Ferrari	1997	Williams
1968	Lotus	1983	Ferrari	1998	Mclaren
1969	Matra	1984	McLaren	1999	Ferrari
1970	Lotus	1985	McLaren	2000	Ferrari
1971	Tyrrell	1986	Williams	2001	Ferrari
1972	Lotus	1987	Williams	2002	Ferrari

NOMBRE DE TITRES DE CHAMPION DU MONDE PAR PILOTE

5 titres :	Juan Manuel Fangio (Argentine)	1951, 1954, 1955, 1956 et 1957
	Michael Schumacher (Allemagne)	***1994, 1995, 2000, 2001 et 2002***
4 titres :	Alain Prost (France)	1985, 1986, 1989 et 1993
3 titres :	Jack Brabham (Australie)	1959, 1960 et 1966
	Niki Lauda (Autriche)	1975, 1977 et 1984
	Nelson Piquet (Brésil)	1981, 1983 et 1987
	Ayrton Senna (Brésil)	1988, 1990 et 1991
	Jackie Stewart (Grande-Bretagne)	1969, 1971 et 1973
2 titres :	Alberto Ascari (Italie)	1952 et 1953
	Jim Clark (Grande-Bretagne)	1963 et 1965
	Emerson Fittipaldi (Brésil)	1972 et 1974
	Mika Häkkinen (Finlande)	1998 et 1999
	Graham Hill (Grande-Bretagne)	1962 et 1968
1 titre :	Mario Andretti (Etats-Unis)	1978
	Giuseppe Farina (Italie)	1950
	Mike Hawthorn (Grande-Bretagne)	1958
	Damon Hill (Grande-Bretagne)	1996
	Phil Hill (Etats-Unis)	1961
	Dennis Hulme (Nouvelle-Zélande)	1967
	Alan Jones (Australie)	1980
	Nigel Mansell (Grande-Bretagne)	1992
	Jochen Rindt (Autriche)	1970
	Keke Rosberg (Finlande)	1982
	Jody Scheckter (Afrique du Sud)	1979
	John Surtees (Grande-Bretagne)	1964
	Jacques Villeneuve (Canada)	***1997***

NOMBRE DE GRANDS PRIX DISPUTES PAR PILOTE

R. Patrese	256
G. Berger	210
A. De Cesaris	208
N. Piquet	204
J. Alesi	201
A. Prost	199
M. Alboreto	194
N. Mansell	187
M.Schumacher	***179***
G. Hill	176
J. Laffite	176
N. Lauda	171
R. Barrichello	***164***
T. Boutsen	163
M. Häkkinen	162
J. Herbert	162
A. Senna	161
M. Brundle	158
J. Watson	152
R. Arnoux	149
E. Irvine	147
D. Warwick	147
C. Reutemann	146
E. Fittipaldi	144
H-H. Frentzen	***141***
D. Coulthard	***141***
J.P. Jarier	135
E. Cheever	132
C. Regazzoni	132
Ma. Andretti	128
J. Brabham	126
O. Panis	***125***
R. Peterson	123
P. Martini	119
J. Ickx	116
A. Jones	116
D. Hill	116
J. Villeneuve	***116***
K. Rosberg	114
P. Tambay	114
D. Hulme	112
J. Scheckter	112
J. Surtees	111
M. Salo	110
E. De Angelis	108
P. Alliot	107
G. Fisichella	***107***
J. Mass	105
J. Bonnier	102
B. McLaren	101
R. Schumacher	***100***
J. Stewart	99
P. Diniz	98
J. Siffert	97
J. Trulli	***97***
C. Amon	96
P. Depailler	95
U. Katayama	95
I. Capelli	94
J. Hunt	92
J. Verstappen	***91***
J.P. Beltoise	86
D. Gurney	86
J. Palmer	84
M. Surer	82
M. Trintignant	82
S. Johansson	79
A. Nannini	77
P. Ghinzani	76
V. Brambilla	74
M. Gugelmin	74
S. Nakajima	74
H. Stuck	74
J. Clark	72
C. Pace	72
A. Modena	70
D. Pironi	70
P. de la Rosa	70
B. Giacomelli	69
G. Morbidelli	67
G. Villeneuve	67
S. Moss	66
T. Fabi	64
A. Suzuki	64
J-J. Letho	62
M. Blundell	61

N.D.L.R. : Dans les années 1950 et 1960, le championnat du monde comptait moins de dix épreuves par an. De ce fait, beaucoup de pilotes de renom n'apparaissent pas dans ce classement.

J. M. Fangio	51
M. Hailwood	50
P. Hill	48
M. Hawthorn	47
L. Bandini	42
T. Brooks	38
G. Farina	33
A. Ascari	32
P. Collins	32
W. Von Trips	27

etc.

Parmi les pilotes en activité :

J. Button	***51***
N. Heidfeld	***50***
J. P. Montoya	***34***
K. Räikkönen	***34***
F. Alonso	***17***
M. Webber	***16***

NOMBRE DE POLE-POSITIONS PAR PILOTE

A. Senna	65
M. Schumacher	***50***
J. Clark	33
A. Prost	33
N. Mansell	32
J. M. Fangio	28
M. Häkkinen	26
N. Lauda	24
N. Piquet	24
D. Hill	20
Ma. Andretti	18
R. Arnoux	18
J. Stewart	17
S. Moss	16
A. Ascari	14
J. Hunt	14
R. Peterson	14
J. Brabham	13
G. Hill	13
J. Ickx	13
J. Villeneuve	***13***
G. Berger	12
D. Coulthard	***12***
J. P. Montoya	***10***
J. Rindt	10
R. Patrese	8
J. Surtees	8
J. Laffite	7
R. Barrichello	***6***
E. Fittipaldi	6
P. Hill	6
J.-P. Jabouille	6
A. Jones	6
C. Reutemann	6
C. Amon	5
G. Farina	5
C. Regazzoni	5
K. Rosberg	5
P. Tambay	5
M. Hawthorn	4
D. Pironi	4
T. Brooks	3
E. De Angelis	3
T. Fabi	3
F. Gonzales	3
D. Gurney	3
J.-P. Jarier	3
J. Scheckter	3
M. Alboreto	2
J. Alesi	2
H.-H. Frentzen	***2***
S. Lewis Evans	2
J. Siffert	2
G. Villeneuve	2
J. Watson	2
L. Bandini	1
J. Bonnier	1
T. Boutsen	1
V. Brambilla	1
E. Castelloti	1
P. Collins	1
A. De Cesaris	1
P. Depailler	1
G. Fisichella	***1***
B. Giacomelli	1
D. Hulme	1
C. Pace	1
M. Parkes	1
T. Pryce	1
P. Revson	1
R. Schumacher	***1***
W. Von Trips	1

NOMBRE DE VICTOIRES PAR PILOTE

M. Schumacher	***64***
A. Prost	51
A. Senna	41
N. Mansell	31
J. Stewart	27
J. Clark	25
N. Lauda	25
J. M. Fangio	24
N. Piquet	23
D. Hill	22
M. Häkkinen	20
S. Moss	16
J. Brabham	14
E. Fittipaldi	14
G. Hill	14
A. Ascari	13
Ma. Andretti	12
D. Coulthard	***12***
A. Jones	12
C. Reutemann	12
J. Villeneuve	***11***
G. Berger	10
J. Hunt	10
R. Peterson	10
J. Scheckter	10
D. Hulme	8
J. Ickx	8
R. Arnoux	7
T. Brooks	6
J. Laffite	6
R. Patrese	6
J. Rindt	6
J. Surtees	6
G. Villeneuve	6
M. Alboreto	5
R. Barrichello	***5***
G. Farina	5
C. Regazzoni	5
K. Rosberg	5
J. Watson	5
D. Gurney	4
E. Irvine	***4***
B. McLaren	4
T. Boutsen	3
H.-H. Frentzen	***3***
M. Hawthorn	3
J. Herbert	3
P. Hill	3
D. Pironi	3
R. Schumacher	***3***
E. De Angelis	2
P. Depailler	2
F. Gonzales	2
J.-P. Jabouille	2
P. Revson	2
P. Rodriguez	2
J. Siffert	2
P. Tambay	2
M. Trintignant	2
W. Von Trips	2
B. Vukovich	2
J. Alesi	1
G. Baghetti	1
L. Bandini	1
J.-P. Beltoise	1
J. Bonnier	1
V. Brambilla	1
J. Bryan	1
F. Cevert	1
L. Fagioli	1
P. Flaherty	1
P. Gethin	1
R. Ginther	1
S. Hanks	1
I. Ireland	1
J. Mass	1
J. P. Montoya	***1***
L. Musso	1
A. Nannini	1
G. Nilsson	1
C. Pace	1
O. Panis	***1***
J. Parsons	1
J. Rathman	1
T. Ruttman	1
L. Scarfiotti	1
B. Sweikert	1
P. Taruffi	1
L. Wallard	1
R. Ward	1

NOMBRE DE MEILLEURS TOURS PAR PILOTE

Pilote	Meilleurs tours
M. Schumacher	***51***
A. Prost	41
N. Mansell	30
J. Clark	28
N. Lauda	25
M. Häkkinen	24
J. M. Fangio	23
N. Piquet	23
G. Berger	21
S. Moss	20
D. Hill	19
A. Senna	19
D. Coulthard	***18***
C. Regazzoni	15
J. Stewart	15
J. Ickx	14
A. Jones	13
R. Patrese	13
R. Arnoux	12
A. Ascari	11
J. Surtees	11
Ma. Andretti	10
J. Brabham	10
G. Hill	10
D. Hulme	9
R. Peterson	9
J. Villeneuve	***9***
R. Barrichello	***8***
J. Hunt	8
J. Laffite	7
G. Villeneuve	7
G. Farina	6
E. Fittipaldi	6
H.-H. Frentzen	***6***
F. Gonzalez	6
D. Gurney	6
M. Hawthorn	6
P. Hill	6
J. P. Montoya	***6***
D. Pironi	6
J. Scheckter	6
R. Schumacher	***6***

Etc.

Parmi les pilotes en activité :

Pilote	Meilleurs tours
G. Fisichella	***1***
K. Räikkönen	***1***

NOMBRE TOTAL DE POINTS MARQUES PAR PILOTE

Pilote	Points
M. Schumacher	**945**
A. Prost	798,5
A. Senna	614
N. Piquet	485,5
N. Mansell	482
N. Lauda	420,5
M. Häkkinen	420
D. Coulthard	**400**
G. Berger	386
D. Hill	360
J. Stewart	360
C. Reutemann	310
G. Hill	289
E. Fittipaldi	281
R. Patrese	281
J.-M. Fangio	277,5
J. Clark	274
R. Barrichello	**272**
J. Scheckter	259
J. Brabham	255
D. Hulme	248
J. Alesi	241
J. Laffite	228
J. Villeneuve	**213**
C. Regazzoni	212
A. Jones	206
R. Peterson	206
B. McLaren	196,5
E. Irvine	191
M. Alboreto	186,5
S. Moss	186,5
R. Arnoux	181
J. Ickx	181
Ma. Andretti	180
J. Surtees	180
J. Hunt	179
R. Schumacher	**177**
J. Watson	169
K. Rosberg	159,5
H.-H. Frentzen	**159**
P. Depailler	141
A. Ascari	139
D. Gurney	133
T. Boutsen	132
G. Farina	128,5
M. Hawthorn	127,5
E. De Angelis	122
J. Rindt	109
R. Ginther	107
G. Villeneuve	107
P. Tambay	103
D. Pironi	101
Etc....	

Parmi les pilotes en activité :

Pilote	Points
G. Fisichella	**82**
J. P. Montoya	**81**
O. Panis	**64**
J. Trulli	**37**
K. Räikkönen	**33**
J. Button	**28**
N. Heidfeld	**19**
J. Verstappen	**17**
M. Webber	**2**

NOMBRE DE KILOMETRES EN TETE PAR PILOTE

M. Schumacher	**17 090**
A. Senna	13 430
A. Prost	12 474
J. Clark	10 110
N. Mansell	9 503
J. M. Fangio	9 316
J. Stewart	9 160
N. Piquet	7 756
M. Häkkinen	7 201
N. Lauda	7 058
D. Hill	6 339
G. Hill	4 767
J. Brabham	4 540
D. Coulthard	**4 015**
G. Berger	3 718
Ma. Andretti	3 577
J. Hunt	3 363
R. Peterson	3 262
C. Reutemann	3 255
J. Ickx	3 119
J. Villeneuve	**2 970**
J. Scheckter	2 851
A. Jones	2 847
G. Farina	2 651
R. Arnoux	2 571
R. Patrese	2 553
R. Barrichello	**2 424**
G. Villeneuve	2 251
E. Fittipaldi	2 235
K. Rosberg	2 165
J. Surtees	2 117
D. Hulme	1 971
J. Rindt	1 898
C. Regazzoni	1 851
M. Hawthorn	1 635
D. Gurney	1 612
P. Hill	1 528
J. Laffite	1 519
J. Alesi	1 285
T. Brooks	1 268
D. Pironi	1 240
J. Watson	1 238
R. Schumacher	**984**
P. Tambay	974
P. Collins	946
J. P. Jabouille	942
M. Alboreto	932
J.P. Montoya	**932**
J. Bryan	869
C. Amon	852
E. Irvine	838
W. Von Trips	788
R. Ward	756

Puis :

H-H. Frentzen	**746**
G. Fisichella	**172**
J. Trulli	**165**
K. Räikkönen	**89**
O. Panis	**53**

LES HABITUES DES PODIUMS...

Pilote	Podiums
M. Schumacher	**114**
A. Prost	106
A. Senna	80
N. Piquet	60
N. Mansell	59
D. Coulthard	**57**
N. Lauda	54
M. Häkkinen	51
G. Berger	48
C. Reutemann	45
J. Stewart	43
D. Hill	42
R. Patrese	37
G. Hill	36
R. Barrichello	**35**
J.-M. Fangio	35
E. Fittipaldi	35
D. Hulme	33
J. Scheckter	33
J. Clark	32
J. Laffite	32
J. Alesi	31
J. Brabham	31
C. Regazzoni	28
B. McLaren	27
E. Irvine	**26**
R. Peterson	26
J. Ickx	25
A. Jones	24
S. Moss	24
J. Surtees	24
M. Alboreto	23
J. Hunt	23
J. Villeneuve	**23**
R. Arnoux	22
G. Farina	20
R. Schumacher	**20**
J. Watson	20
Ma. Andretti	19
P. Depailler	19
D. Gurney	19
M. Hawthorn	18
A. Ascari	17
H.-H. Frentzen	**17**
K. Rosberg	17
P. Hill	16
T. Boutsen	15
F. Gonzales	15
R. Ginther	14
J.-P. Beltoise	13
F. Cevert	13
D. Pironi	13
J. Rindt	13
G. Villeneuve	13
C. Amon	11
S. Johansson	12
J. P. Montoya	**11**
C. Amon	11
P. Tambay	11
M. Trintignant	10
T. Brooks	10
Etc.	

Parmi les pilotes en activité :

Pilote	Podiums
G. Fisichella	**9**
O. Panis	**6**
J. Verstappen	**2**
N. Heidfeld	**1**
J. Trulli	**1**

NOMBRE DE TOURS EN TETE PAR PILOTE

Pilote	Tours
M. Schumacher	**3 656**
A. Senna	2 931
A. Prost	2 683
N. Mansell	2 058
J. Clark	1 940
J. Stewart	1 918
N. Piquet	1 633
N. Lauda	1 590
M. Häkkinen	1 490
D. Hill	1 363
J. M. Fangio	1 347
S. Moss	1 164
G. Hill	1 106
A. Ascari	927
D. Coulthard	**855**
J. Brabham	825
Ma. Andretti	799
G. Berger	754
R. Peterson	694
J. Scheckter	674
J. Hunt	666
C. Reutemann	650
J. Villeneuve	**634**
A. Jones	589
R. Patrese	565
G. Villeneuve	534
J. Ickx	528
R. Barrichello	**517**
R. Arnoux	507
K. Rosberg	512
E. Fittipaldi	478
D. Hulme	449
J. Rindt	387
C. Regazzoni	360
J. Surtees	307
D. Pironi	295
J. Watson	287
J. Laffite	283
J-F. Gonzalez	272
J. Alesi	265
M. Hawthorn	225
M. Alboreto	218
D. Gurney	204
P. Tambay	197
R. Schumacher	**192**
R. Ward	188
J. P. Montoya	**187**
C. Amon	183
J. P. Jabouille	179
P. Hill	171
L. Wallard	165
P. Depailler	164
T. Boutsen	164
W. Von Trips	156
E. Irvine	156
H-H. Frentzen	149
J. Rathmann	147
L. Bandini	143

Puis :

Pilote	Tours
J. Trulli	**38**
G. Fisichella	**35**
K. Räikkönen	**21**
O. Panis	**16**

LA FIABILITE DES PILOTES

C'est l'aptitude des pilotes à terminer le plus grand nombre de Grands Prix auxquels ils participent au cours d'une saison. Cette statistique ne prend pas en compte la course des 500 Miles d'Indianapolis qui comptait pour le championnat du monde de Formule 1 de 1951 à 1960.

1.	M. Schumacher	2002	Ferrari	17/17
2.	J. Clark	1963	Lotus	10/10
3.	R. Ginther	1964	BRM	10/10
4.	G. Hill	1962	BRM	9/9
5.	M. Hawthorn	1953	Ferrari	8/8
6.	J. M. Fangio	1954	Maserati & Mercedes	8/8
7.	D. Gurney	1961	Porsche	8/8
8.	J. Alesi	2001	Prost & Jordan	16/17
9.	A. Senna	1991	McLaren	15/16
10.	A. Prost	1993	Williams	15/16
11.	E. Irvine	1999	Ferrari	15/16
12.	D. Hulme	1973	McLaren	14/15
13.	M. Schumacher	2001	Ferrari	15/17
14.	J. Laffite	1978	Ligier	14/16
15.	A. Senna	1988	McLaren	14/16
16.	A. Prost	1988	McLaren	14/16
17.	M. Alboreto	1992	Footwork	14/16
18.	O. Panis	1994	Ligier	14/16
19.	J. Alesi	1997	Benetton	14/17
20.	M. Häkkinen	2000	McLaren	14/17

Etc.

A titre d'anecdote, la régularité n'était pas la plus grande qualités du pilote italien Andrea de Cesaris. Entre le Grand Prix de France 1985 et le Grand Prix du Mexique 1988, il n'a vu que 3 fois le drapeau à damier en... 41 départs.
Il détient également un fameux record : 19 abandons consécutifs et non-qualifications entre le Grands Prix de France 1985 et le Grand Prix du Mexique 1986.

NOMBRE DE TITRES DE CHAMPIONS DU MONDE PAR PAYS

12 titres :
GRANDE-BRETAGNE :
Hawthorn (1), G. Hill (2), Clark (2), Surtees (1), Stewart (3), Hunt (1), Mansell (1) et D. Hill (1)

8 titres :
BRESIL : E. Fittipaldi (2), Piquet (3) et Senna (3)

5 titres :
ALLEMAGNE : M. Schumacher (5)
ARGENTINE : Fangio (5)

4 titres :
AUSTRALIE : Brabham (3) et Jones (1)
AUTRICHE : Rindt (1) et Lauda (3)
FRANCE : Prost (4)

3 titres :
ITALIE : Farina (1) et Ascari (2)
FINLANDE : Rosberg (1) et Häkkinen (2)

2 titres :
ETATS-UNIS : P. Hill (1) et Ma. Andretti (1)

1 titre :
NOUVELLE ZELANDE : Hulme (1)
AFRIQUE DU SUD : Scheckter (1)
CANADA : J. Villeneuve (1)

*(Nombre de titres obtenus entre parenthèses)

CHAMPIONNAT DU MONDE DES CONSTRUCTEURS : NOMBRE DE TITRES

12 titres :
Ferrari : 1961, 1964, 1975, 1976, 1977, 1979, 1982, 1983, 1999, 2000, 2001 et 2002
9 titres :
Williams : 1980, 1981, 1986, 1987, 1992, 1993, 1994, 1996 et 1997
8 titres :
McLaren : 1974, 1984, 1985, 1988, 1989, 1990, 1991 et 1998
7 titres :
Lotus : 1963, 1965, 1968, 1970, 1972, 1973 et 1978
2 titres :
Cooper : 1959 et 1960
Brabham : 1966 et 1967
1 titre :
Vanwall : 1958
BRM : 1962
Matra : 1969
Tyrrell : 1971
Benetton : 1995

CHAMPIONNAT DU MONDE DES CONSTRUCTEURS : NOMBRE DE VICTOIRES

Ferrari	***159***	Matra	9
McLaren	***135***	Mercedes	9
Williams	***107***	Vanwall	9
Lotus	79	***Jordan***	***3***
Brabham	35	March	3
Benetton	26	Wolf	3
Tyrrell	23	Honda	2
BRM	17	Hesketh	1
Cooper	16	Penske	1
Renault	***15***	Porsche	1
Alfa Romeo	10	Shadow	1
Ligier	9	Stewart	1
Maserati	9		

CHAMPIONNAT DU MONDE DES CONSTRUCTEURS : NOMBRE DE POLE-POSITIONS

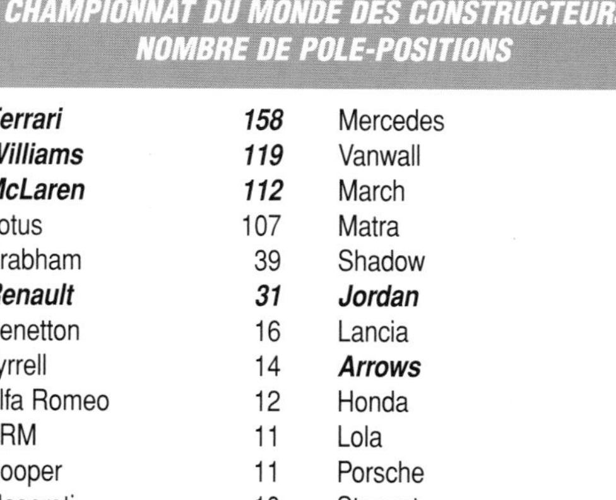

Ferrari	***158***	Mercedes	8
Williams	***119***	Vanwall	7
McLaren	***112***	March	5
Lotus	107	Matra	4
Brabham	39	Shadow	3
Renault	***31***	***Jordan***	***2***
Benetton	16	Lancia	2
Tyrrell	14	***Arrows***	***1***
Alfa Romeo	12	Honda	1
BRM	11	Lola	1
Cooper	11	Porsche	1
Maserati	10	Stewart	1
Ligier	9	Wolf	1

CHAMPIONNAT DU MONDE DES CONSTRUCTEURS : NOMBRE DE GRANDS PRIX DISPUTES

Ferrari	***670***	***Jordan***	***197***
McLaren	***543***	***Sauber***	***163***
Lotus	491	Lola	149
Williams	***462***	***Renault***	***140***
Tyrrell	418	Osella	132
Brabham	394	Cooper	129
Arrows	382	Surtees	118
Ligier	326	Alfa Romeo	110
Benetton	317	Etc.	
Minardi	***287***	***BAR***	***67***
March	230	***Jaguar***	***51***
BRM	197	***Toyota***	***17***

CHAMPIONNAT DU MONDE DES CONSTRUCTEURS : NOMBRE DE POINTS MARQUES

Ferrari	***2924,5***	March	173,5
McLaren	***2648,5***	Arrows	167
Williams	***2197,5***	Matra	163
Lotus	1368	***Sauber***	***122***
Brabham	865	Wolf	79
Benetton	851,5	Shadow	67,5
Tyrrell	621	Etc.	
BRM	433		
Ligier	388	***BAR***	***44***
Cooper	342	***Minardi***	***30***
Renault	***335***	***Jaguar***	***21***
Jordan	***261***	***Toyota***	***2***

NOMBRE DE TITRES DE CHAMPION DU MONDE DES CONSTRUCTEURS PAR MOTORISTE

12 titres :
Ferrari : 1961, 1964, 1975, 1976, 1977, 1979, 1982, 1983, 1999, 2000, 2001 et 2002.
10 titres :
Ford : 1968, 1969, 1970, 1971, 1972, 1973, 1974, 1978, 1980 et 1981.
6 titres :
Honda : 1986, 1987, 1988, 1989, 1990 et 1991.
Renault : 1992, 1993, 1994, 1995, 1996 et 1997.

4 titres :
Climax : 1959, 1960, 1963 et 1965.

2 titres :
Repco : 1966 et 1967.
TAG Porsche : 1984 et 1985.

1 titre :
BRM : 1962.
Mercedes : 1998.
Vanwall : 1958.

NOMBRE DE VICTOIRES PAR MANUFACTURIER DE PNEUS

GoodYear	368	Firestone	49
Dunlop	83	Pirelli	45
Bridgestone	***70***	Continental	10
Michelin	***65***		

NOMBRE DE VICTOIRES PAR MOTORISTE

Ford	***174***	Alfa Romeo	12
Ferrari	***159***	Maserati	11
Renault	***95***	Vanwall	9
Honda	***72***	Repco	8
Climax	40	Mugen Honda	4
Mercedes	***40***	Matra	3
TAG Porsche	25	Porsche	1
BRM	18	Weslake	1
BMW	***14***		

NOMBRE DE POLE-POSITIONS PAR MOTORISTE

Ferrari	***158***	Repco	7
Ford	***137***	TAG Porsche	7
Renault	***136***	Vanwall	7
Honda	***74***	Matra	4
Climax	44	Hart	2
Mercedes	***41***	Lancia	2
BMW	***26***	Mecachrome	1
Alfa Romeo	15	Mugen Honda	1
BRM	11	Porsche	1
Maserati	11		

NOMBRE DE GRANDS PRIX DISPUTÉS PAR MOTORISTE

Ferrari	***670***	Peugeot	132
Ford	***534***	***BMW***	***142***
Renault	***320***	***Petronas***	***100***
Honda	***253***	Supertec	49
Alfa Romeo	212	Mugen Honda	47
BRM	197	Asiatech	33
Mercedes	***170***	Etc.	

CHAMPIONNAT DU MONDE DES CONSTRUCTEURS : NOMBRE DE MEILLEURS TOURS

Ferrari	***159***	Mercedes	11
Williams	***121***	March	7
McLaren	***109***	Vanwall	6
Lotus	70	Surtees	4
Brabham	41	Eagle	2
Benetton	38	Honda	2
Tyrrell	20	***Jordan***	***2***
Renault	***18***	Shadow	2
BRM	15	Wolf	2
Maserati	15	Ensign	1
Alfa Romeo	14	Gordini	1
Cooper	13	Hesketh	1
Matra	12	Lancia	1
Ligier	11	Parnelli	1

RECORD DE POINTS MARQUES PAR UN CONSTRUCTEUR EN UNE SAISON

Ferrari :
221 points en 2002

McLaren :
199 points en 1988

Ferrari :
179 points en 2001

Williams :
175 points en 1986

Ferrari :
170 points en 2000

Williams :
168 points en 1993

Williams :
164 points en 1992

McLaren :
156 points en 1998

McLaren :
152 points en 2000

McLaren :
143,5 en 1984

McLaren :
141 points en 1989

Williams :
141 points en 1986. Etc.

NOMBRE DE TITRES DE CHAMPION DU MONDE DES PILOTES PAR MOTORISTE

13 titres :
Ford Cosworth :
1968, 1969, 1970, 1971, 1972, 1973, 1974, 1976, 1978, 1980, 1981, 1982 et 1994.

12 titres :
Ferrari :
1952, 1953, 1956, 1958, 1961, 1964, 1975, 1977, 1979, 2000, 2001 et 2002.

5 titres :
Honda :
1987, 1988, 1989, 1990 et 1991.
Renault :
1992, 1993, 1995, 1996 et 1997.

4 titres :
Climax :
1959, 1960, 1963 et 1965.
Mercedes :
1954, 1955, 1998 et 1999.
3 titres :
TAG Porsche :
1984, 1985 et 1986.

2 titres :
Alfa Romeo : 1950 et 1951.
Maserati : 1954 et 1957.
Repco : 1966 et 1967.

1 titre :
BRM : 1962.
BMW : 1983.